Stéphane Barbery

Qu'est-ce qui guérit en thérapie ?

Introduction

Ce volume réunit des textes de nature variée - articles, correspondances, blogs, parodies - rédigés de 1995 à 2007, qui gravitent autour d'une question centrale :

« Qu'est-ce qui soigne *vraiment* en thérapie ? »

Ils témoignent du cheminement de ma formation psy :
- d'un référent psychanalytique freudien classique
- à celui, bricolé, empirique, ericksonien, qui assume états modifiés de conscience et influence, dans un script social de soin chamanique agnostique, lucide sur sa nature
- puis ma rencontre avec la clinique du trauma et l'EMDR.

Ce point d'arrivée, dans le contexte du milieu psy français au début du 21ème siècle, relevait d'une absolue hérésie. Ceci permet de comprendre la rhétorique combative, défensive, crâneuse, présente çà et là. Sans pour autant la justifier.

Ce recueil a été achevé une première fois au printemps 2005. Puis remanié en 2015 (réagencement en unités thématiques, ajout des textes 2005-2007).

Chaque société, chaque époque, chaque génération est prisonnière de ses tics : un intello trentenaire français au tout début des années 2000 se sent l'obligation de faire le malin, de forcer les clins d'œil, la désinvolture pseudo-complice dans le mélange des registres.

Dix ans plus tard et vu de Kyôto, il y a de quoi à avoir honte … Puisse le lecteur me faire la grâce de son indulgence et évaluer ce livre sur son contenu, sa quête sérieuse et non sur son style.

Etrangement, alors qu'à l'époque je n'y ai encore jamais mis les pieds, le Japon est déjà présent dans ce volume. La possibilité de réaliser, en 2008, mon vieux rêve japonais m'a conduit à mettre fin à mon activité psy. Il n'était à ce moment là pas prévu que mon séjour dure plus d'un an…

Je poursuis désormais l'exploration de quelques thèmes abordés ici à partir d'un autre champ d'expérience. Celui des arts traditionnels japonais. Notamment la cérémonie du thé. Mon recueil d'articles intitulé « L'accueil » peut être lu comme une continuation directe des présents textes.

Merci à Mikkel Borch-Jacobsen, merci à Yannik Lefort de m'avoir autorisé à publier le montage thématisé de nos échanges électroniques.

Stéphane Barbery
Kyôto, septembre 2015

Le Père Noël est-il une ordure ?

Le Père Noël est-il une ordure ?

PANSER

Back To Trauma

11 août 2005

Certaines parties de ce livre susciteront de l'animosité. Notamment celles sur la thérapie, le psycebo, où certains comprendront à tort que je défends l'idée d'une souffrance fictive, d'une intervention psy fictive. J'ai fait l'expérience de cette réaction négative viscérale lors des premiers *Entretiens de la Psychologie.*

Il y aura de l'animosité indue, territoriale, schmittienne (« si ce n'est pas un ami, c'est un ennemi »). Et il y aura des réactions justifiées.

Un an de pratique d'EMDR, un an de travail sur des traumas lourds, ont transformé en profondeur mon point de vue, ma technique, mon modèle.

J'ai présenté ailleurs l'EMDR.

Comme pour la psychanalyse à ses débuts, on ne peut en parler que si l'on a lu les textes de référence - non traduits à ce jour -, que si l'on en a fait l'expérience ou que si l'on s'y est formé.

Les gorges chaudes sur le sigle, sur l'effet de mode, sur les mouvements oculaires, sur l'organisation marketing, sur l'absence de théorisation baignée de culture intellectuelle classique, toutes ces critiques sont *légitimes*.

Mais l'EMDR n'est pas un simple truc de crédule amerloque. Cela n'a rien à voir avec les yeux. Ce n'est pas un savoir. Il s'agit juste d'une synthèse incroyablement futée de *savoir-faire* thérapeutique. Une synthèse incroyablement *smart* de dispositifs efficaces.

Avant l'EMDR, je ne savais pas accueillir les personnes traumatisées. Elles pouvaient trouver un apaisement à pouvoir évoquer leur douleur avec moi mais cette douleur restait. Il n'y a rien d'interprétable dans une parole-trauma. Aucune métaphore, aucune métonymie, aucune duperie. Le trauma, et je ne parle ici que du trauma simple, c'est la douleur non cicatrisée d'un fait réel. Et même quand il y a un peu de psychodynamique en jeu, sa participation est vraiment marginale.

Ferenczi nous avait prévenu : les psys minorent le trauma. Et après avoir expérimenté toutes sortes de techniques, il pensait que la régression hypnotique, la présence authentique, la sympathie pouvait aider à le guérir. Mais je suis sûr qu'il savait que même cela ne suffit pas.

Pour pouvoir guérir le trauma, il faut plonger dedans. Mais le faire dans un dispositif qui empêche le consultant d'entrer directement en contact avec le pire de sa douleur, avec le pire du choc. Car sinon, il le fera dans la répétition. Et la répétition surtraumatise.

D'où le processus parfaitement rationnel des consultants qui évitent d'évoquer leurs traumas dans une thérapie traditionnelle, notamment analytique ou d'inspiration analytique. Ils le nommeront rapidement peut-être en passant mais ce n'est pas même pas sûr. Combien de fois entends-je désormais : « je croyais vraiment avoir dépassé cette histoire » ou encore « et dire que je n'en ai jamais parlé à mon analyste ».

Ce qui m'a le plus surpris cette année, c'est de comprendre combien un nombre considérable de symptômes, participant de tous les registres - hystériques, obsessionnels, addictifs, anxieux, somatiques, paranoïaques -, ne sont que des produits secondaires d'un trauma réel ou d'une succession de petits traumas. Je me demande même désormais si ce que l'on range sous l'étiquette « états-limites », « borderline », ce n'est pas *simplement* du post-traumatique.

C'est cette intuition du trauma qui irrite quand on lit Mikkel Borch-Jacobsen. C'est cette expérience du trauma qui rend énervantes mes tentatives de modéliser ce qui guérit en thérapie dans le psycebo, c'est-à-dire l'instrumentalisation du dispositif social du soin pour accéder à une vérité subjective.

Car pour le cœur de trauma, il n'y a pas d'instrumentalisation possible. Parce que sa double signature, c'est *l'excès* lucide et *l'incontrôlé* des réactions post-traumatiques.

Alors quel modèle ? Qu'est-ce qui soigne dans l'EMDR ?

Le mérite remarquable de Francine Shapiro est lié à ses expérimentations candides, à sa capacité à amender ses hypothèses.

Son hypothèse initiale d'une activation d'un traitement neuronal mnésique par un *brain gym* oculaire émulant les phases REM du sommeil, dont certains neuropsys pensent qu'elles sont liées au processus d'intégration des souvenirs, n'était pas absurde.

Je n'ai pourtant jamais cru en cette idée et dans ma pratique EMDR, j'utilise plus le *tapping* que les mouvements oculaires. Pourtant, je suis revenu récemment à ces mouvements après que plusieurs consultants m'aient indiqué que le *tapping* était certes plus confortable mais qu'il produisait un processus associatif plus lent et plus superficiel.

Le modèle actuel de Shapiro, informationnel, c'est au fond ni plus ni moins celui de la psychanalyse : établir une connexion par le biais de l'association libre, entre deux informations déconnectées. Freud dira : l'assomption par le moi d'un désir inconscient. Les EMDRistes, utilisant les travaux des neuropsychologues sur le caractère modulaire du cerveau et notamment de la mémoire, diront : permettre à l'inscription limbique d'un trauma d'être reliée au souvenir épisodique, lui permettre d'être réévalué à l'aulne des ressources positives que la personne détient.

Dans l'une ou l'autre des formulations, on décrit bien ce qui se passe mais on n'explique rien. Une description n'est pas une explication.

On pourrait ajouter les hypothèses psycebo (l'influence, le dispositif social, les suggestions) pour rendre compte d'une partie du protocole. On pourrait ajouter notamment la dimension nécessaire d'Etat Modifié de Conscience à faible intensité, rythmé et contrôlé suscité par l'EMDR : le passage par un traitement rapide de bas niveau que sollicite cet état est-il nécessaire pour le reformatage d'un réseau neuronal ? On pourrait enfin pointer la dimension très enveloppante, chaleureuse, du protocole qui permet au consultant de sortir de l'isolation absolue, effrayante, du temps du trauma.

Mais au fond, pour une réponse sérieuse à la question : qu'est-ce qui soigne *vraiment* en thérapie, aujourd'hui :
Mystère.

Et pourtant, ça marche.

Psycebo : l'effet placebo en thérapie

Texte de présentation d'un atelier animé lors des premiers Entretiens de la Psychologie
Printemps 2004

L'actualité mouvementée de ces derniers mois - le débat autour de l'amendement Accoyer et des différents rapports en santé mentale - a été l'occasion insuffisamment exploitée de poser une question qui fâche : qu'est-ce qui guérit dans une psychothérapie où, au fond, quelles que soient les modalités spécifiques d'intervention, il s'agit toujours d'une *rencontre* et de *paroles* ?
C'est la question originaire de la psychologie clinique, une question continue, une question d'actualité vibrante qui met en jeu la fonction des psychologues au sein de la société.

Cet atelier se propose de susciter des échanges de fond autour de cette question à partir d'une hypothèse rarement formulée comme telle : et si le déterminant principal d'une psychothérapie était l'effet placebo ?

Plutôt que des assertions ou des hypothèses, une série de questions. Comment y répondez-vous ?

Placebothérapie : la thérapie comme simple jeu de dupes

- Qu'entend-t-on par effet placebo ? Par effet nocebo ? Quels sont les critères qui permettent de le faire apparaître ? Qu'en conclure sur sa nature ?

- Utiliser l'effet Placebo, est-ce toujours tromper ? La relation psychologue-consultant pourrait-elle être une situation de double-aveugle ?

- De quelle façon l'ethnopsychiatrie nous interpelle-t-elle sur ces questions ?

- Peut-il y avoir effet placebo quand le patient sait que c'est du placebo ? Si oui, qu'en penser ?

- Le Placebo est-il un nuage de Tchernobyl qui s'arrêterait à la frontière du territoire des psychologues ou est-il est fortement présent dans notre discipline ? Dans quelles proportions ?

- Que penser de la bipartition des psychologues en deux camps retranchés sur cette question ?

  - Le camp des dubitatifs soupçonneux qui, face à la disparition magique d'un symptôme, évoquent immédiatement un réaménagement défensif de façade, quitte, par leur doute, même non formulé, à remettre en cause l'acquis de cette disparition. Il s'agit là de la double tradition du Freud critique de l'hypnose et du

Lacan de l'après-guerre : faire disparaître autoritairement le symptôme sans vérifier qu'il n'a pas été glissé sous le tapis, ne serait-ce pas contribuer à le voir resurgir un peu plus loin et se faire flic rééducateur, maton étalon d'une norme de classe (le symptôme pouvant être l'effet d'une aliénation non simplement individuelle mais sociale) ?

- Le camp des psychothérapeutes qui, quelles que soient leur école ou l'hétérogénéité de leur caisse à outils, vont potentialiser et ancrer les dispositifs favorisant la disparition du symptôme en répondant ainsi à la demande contemporaine ciblée des consultants. Les TCC et les héritiers protéiformes d'Erickson se rangeront dans cette catégorie, dont la clinique montre qu'il n'y a pas de substitutions de symptôme, et qui verront dans les longues et coûteuses cures analytiques une *suggestion* au long cours ignorante de son mode d'action.

- En quoi l'échange de mots d'une *talking cure* peut-il être autre chose que du placebo ?

- Comment repérer des indices d'utilisation de l'effet placebo chez les psychologues ?

- L'emphase des psychologues sur le cadre est-elle liée à la nécessité de contenir des phénomènes régressifs et projectifs ou bien ne signe-t-elle pas une manipulation, le cadre étant alors à entendre non pas comme dispositif mais comme simple parure où patine et dorure ne sont là que pour attester, pour le néophyte, de la valeur supposée d'un tableau ?

- La diversité des pratiques thérapeutiques et l'hétérogénéité des cadres théoriques ne pointent-elles pas que leur efficacité commune est à chercher dans un déterminant tiers ? Le placebo pourrait-il être ce déterminant ?

- Le pouvoir d'omnipotence et de clairvoyance dont ils sont crédités et dont s'étonnent les jeunes psychologues qui, pourtant, tremblent de doute lors de leurs premières rencontres cliniques – en raison de la totale absence de formation à la thérapie dans leur cursus – ne contribue-t-il pas à répondre à la question précédente ?

- Comment comprendre et théoriser l'effet placebo si on le prend au sérieux ? Quelles grilles de lecture permettent-elles d'en rendre compte ?

- S'il est universel, présent dans toute société, ne peut-on l'appréhender comme script social où le guérisseur vient rendre légitime et donc déresponsabiliser, déculpabiliser, une souffrance d'origine non mécanique invisible ? Le psycebo n'est-il pas alors à appréhender comme transaction systémique, comme instrument de communication et de rééquilibrage dynamique d'un groupe, le psychologue se faisant huissier et caisse de dépôt et consignation d'un couple, d'une famille, d'un milieu professionnel ?

- L'hypnose semblerait la mieux armée pour rendre compte de ce que l'on peut repérer comme pur effet de suggestion. Mais, à en connaître l'histoire et les débats internes entre partisans d'un état hypnotique réel (que le mot transe désigne tout en nommant inadéquatement) et partisans « non-étatistes » d'un simple « jeu social » où seul compte le degré variable de suggestibilité d'un sujet, on se rend compte que la notion de suggestion recouvre encore de nombreux mystères et que les débats de la fin du 19ème siècle ne sont pas à réserver aux historiens mais d'une très vivace actualité. Delboeuf aurait-il eu raison contre Freud, lui qui a fait également à la même époque le voyage à la Salpêtrière et à Nancy ?

- Quels sont les rapports entre effet Placebo et effet Rosenthal ? Toute suggestion est-elle autosuggestion ou bien existe-t-il une rhétorique du placebo, une pragmatique d'influence d'autant plus efficace qu'elle est saturée de prédictions autoréalisantes ?

- La psychologie sociale et son analyse des techniques de manipulation ne permet-elle pas de rendre plus efficace l'effet placebo ? Un thérapeute peut-il déontologiquement mentir ou manipuler de façon duplice s'il sait que cela soulagera ?

- De quelle façon l'effet placebo en psychothérapie est-il potentialisé par l'imaginaire technologique d'une époque ? L'électromagnétisme d'antan sera-t-il remplacé par le relookage du biofeedback par la neuroimagerie et les mondes virtuels ? L'idolâtrie scientifique actuelle ne vient-elle pas minimiser dans nos sociétés l'effet psycebo ? Ces questions éclairent-elles les tensions universitaires/praticiens chez les psychologues ?

- Quels sont les liens entre la spécificité du dispositif placebo d'une époque donnée et la structure politique de la société de cette époque ? La difficulté à penser le psycebo vient-elle de la figure de la manipulation comme autoritarisme de droite, comme issue du Père de la Horde, comme Tyran ?

- Est-elle une défense contre la tentation de virer gourou sectaire ? Quels sont les dispositifs pour contrôler les débordements suscités par le type de soumission qu'engagerait le placebo ?

- Peut-on parler de refoulement de l'effet placebo chez les psychologues ? Pourrait-on voir là la crainte de voir percé à jour un sentiment d'imposture ?

Satorithérapie : la thérapie comme double jeu de dupe

- Toute placebo-thérapie n'est-elle pas une satori-thérapie, c'est-à-dire une thérapie par l'illumination de l'accès à une vérité subjective, par l'accès au cœur de soi-même ? L'effet placebo peut-il prendre s'il n'y a pas la dimension philosophique, maïeutique, d'une vérité dévoilée ?

- Le psycebo n'est-il pas précisément le moyen d'accéder à cette vérité ? Auquel cas, pourquoi faudrait-il passer par l'aliénation radicale, par la soumission à l'autre pour atteindre la vérité subjective et l'autonomie ? Quelle est la logique de ce chemin d'indépendance par la dépendance ? Pour s'émanciper, faut-il donner des gages de soumission ?

- L'effet placebo en thérapie, n'est-ce pas alors l'arroseur arrosé - le consultant manipulant le supposé manipulateur, instrumentalisant la supposée autorité ? Le thérapeute n'est-il au fond acteur que dans les seules limites que lui délègue la crédulité contrôlée du consultant ?

- Comment le psychologue peut-il gérer psychiquement cette situation de funambule ? Implique-t-elle une certaine prophylaxie psychique ?

- Quelles en sont les conséquences, en terme de formation, de statut et de communication sociale pour les psychologues ? Quelles en sont les conséquences techniques en vue d'améliorer quantitativement et qualitativement les interventions du psychologue ?

Conséquences pour les psychologues

- Quelles sont les conséquences concrètes de l'ensemble de ces enjeux dans les débats nationaux actuels sur les psychothérapies ? Est-il possible de justifier les tentatives pour négocier l'exclusivité partagée avec les psychiatres du marché du psycebo ?

- Le caractère multipolaire de la psychologie n'est-il pas une chance pour continuer à élaborer cliniquement et théoriquement ces enjeux ?

Bibliographie

Borch-Jacobsen, M (2002), *Folies à Plusieurs : de l'Hystérie à la Dépression*, Les Empêcheurs de Penser en Rond.

Delboeuf J (1891), « Comme quoi il n'y a pas d'hypnotisme », Revue de l'Hypnotisme 6, p. 129-135

Ferenczi S (1932), *Journal clinique*, Payot.

LeBlanc A (2003), « L'étoffe dont sont tissés les rêves : Joseph Delboeuf et l'effet placebo », texte d'une communication à un séminaire du CIRST à l'UQAM, 26 septembre 2003 .

Pignare P (1995), *Les deux Médecines*, La Découverte

Roustang F, Oeuvre en cours chez Minuit et Odile Jacob.

Viderman S (1970). *La Construction de l'Espace analytique*, Tel Gallimard.

Prader-Willy, Morris et Charles Bonnet

Août 2005

Les psys doivent devenir des experts du net.
Ils le doivent à leurs patients.

Au moins une fois par an, je reçois à mon cabinet une situation statistiquement improbable. Statistiquement improbable, cela signifie que le symptôme, le syndrome, la pathologie liés à la consultation sont rares au point qu'ils ne sont pas et ne peuvent pas être enseignés dans un cursus de formation. Rares au point que les professionnels (généralistes, pédiatres, collègues) consultés parfois pendant de longues années sont passés totalement à côté.

Mon seul mérite dans ces situations est de faire confiance à mon intuition : quand j'entends que la petite musique du consultant sonne vraiment *bizarre*, je passe en mode alerte. Je fais la liste des mots-clés qui signent l'insolite. Et je déploie mes compétences d'internaute aguerri.
Quand j'écris « les psys doivent devenir des experts du net », je limite cette expertise à la capacité à trouver l'information pertinente. Savoir utiliser les bons outils, les bons moteurs de recherche, les bons mots-clés, être capable pendant deux heures d'ouvrir deux cents pages en anglais - si la pathologie est rare, il n'y aura rien en français - pour trouver le mot, l'expression qui nomment l'entité

statistiquement improbable à l'origine de la souffrance des consultants.

Ci-dessous, quatre exemples.

Improbable un

Ma première situation de ce type était la moins improbable : j'ai reçu une mère qui *savait* que son fils de quatre ans était différent. Les pédiatres consultés notaient bien quelques spécificités mais rien d'anormal. Ce sont les premières saisons d'*Ally Mc Beal* qui m'ont immédiatement orienté vers le diagnostic. Voilà où va se chercher la formation du psy ! Dans cette série américaine fine, drôle dans sa mise en image du flux psychique, inspirante par ses thérapies ericksoniennes extravagantes, un des personnages souffre du syndrome de Gilles de la Tourette. Ce syndrome n'est pas totalement inconnu. Un bon pourcentage de psys évoquera même son pathognomonique : la coprolalie, ce tic verbal qui pousse à articuler injures et grossièretés. Mais si l'on ne sait que cela, comment identifier cette pathologie chez un petit garçon qui ne témoigne pas encore de ce symptôme ? Première étape, vous cherchez dans votre bibliothèque bien fournie. Les précis, les manuels, les encyclopédies ne vous donnent que des indications triviales. Vous vous connectez alors au net pour tomber sur l'association Tourette et là, les informations médicales vous laissent pantois. D'abord elles confirment votre intuition. Ensuite elles pointent vers une hypothèse qui éclaire différemment le profil d'autres de vos consultants : l'hypothèse d'une simple gradation entre tics simples et syndrome de Gilles de la Tourette, un continuum tissant des liens étroits avec TOC et hyperactivité.

Et là, vous vous dites que vous êtes vraiment un cromagnon, un cromagnon qui *doit* se tenir informé, un cromagnon éthiquement tenu d'être *up to date*.

Improbable deux

Deuxième situation me conduisant à l'hyperprudence, à la systématisation du soupçon de l'improbable. Un garçon de seize ans, gros, à l'allure limitée, trop souriant, amené par sa mère parce qu'il a volé un paquet de bonbons lors d'un stage de magasinier. Les premières séances se concentrent sur le poids et le régime mis en place par un nutritionniste. J'ai du mal à isoler la bizarrerie du contact : déficience ? Pauvreté culturelle de la communication ? Aucune hypothèse ne me satisfait, tout semble glisser comme une savonnette. Pourtant une confiance profonde s'instaure. Parce que je sature mes métaphores d'emprunts aux jeux vidéo. L'adolescent me fait alors part de son questionnement angoissé et honteux sur la taille de son sexe, qu'il décrit comme très *très* petit. C'est le dernier indice. Celui qu'il ne faut pas laisser passer. Je rassemble mes mots clés. Les traduis dans un vocabulaire nosographique anglais. Google et :

bingo. Stupéfaction. La page du groupe de soutien des parents d'enfants souffrant du syndrome de Prader-Willy s'affiche, établissant le portrait exact de mon consultant. Prader-Willy, c'est une maladie génétique rare suscitant des traits psychiques spécifiques. Légère déficience avec sur-performance pour les problèmes de labyrinthe (« il passe son temps sur sa console »), quasi-incapacité à réguler la satiété orale et, bien entendu, sur un plan anatomique, microgonadisme. Pas simple à transmettre, cette info. Je ne les ai plus revus. Normal : le problème n'était plus psy.

Improbable trois

Troisième improbable : après quelques séances relatives à sa jalousie maladive, une jolie femme, la quarantaine, de formation médicale, m'annonce qu'elle est atteinte d'une maladie génétique rare dont elle connaît vaguement le nom, quelque chose comme le syndrome de Morris et qu'elle me décrit de façon très floue. En résumé, son génotype est XY (celui des hommes) alors que son phénotype est celui d'une femme. Je mettrai du temps avant de trouver de l'information précise sur le net, à commencer par le vrai nom de cette pathologie : AIS, *Androgen Insensitivity Syndrome.* Les femmes AIS naissent sans ovaires, sans trompes de Fallope et le plus souvent sans utérus mais avec des testicules non descendus qu'il faudra retirer vers vingt ans afin qu'ils n'évoluent pas en cancer.

Il faut imaginer les fantasmes de menace – et leur corollaire de défense agressive – suscités chez les hommes par une situation de ce type et la difficulté à vivre son identité sexuelle pour les femmes AIS qui, pourtant, ne découvrent leur syndrome qu'à l'adolescence, parce qu'elles n'ont pas de règles, après une enfance de petites filles comme les autres.

Le net ne permet pas de répondre à toutes les questions. Il ne m'a pas permis de répondre à un point factuel mais d'importance : une femme AIS peut-elle ressentir du plaisir vaginal alors que le fond de son vagin n'est pas innervé normalement ? Ce n'est pas rien, comme question. Et cela pointe au passage la nécessité absolue de connaissances sexologiques poussées pour la profession. On parle régulièrement, depuis que Ferenczi est publié en français, de l'hygiène psychique du psy. Mais une femme psy qui ne jouirait pas, un homme psy qui n'aurait pas eu la chance d'avoir des partenaires jouissant de toutes les dimensions de leur vagin, peuvent-ils recevoir des consultants préoccupés par ces questions ? Peut-on être bon psy si l'on n'a pas connu de sexualité satisfaisante quand on sait l'importance de son rôle polaire et organisateur de la vie de chacun ? Peut-on être bon psy si l'on ne peut évoquer ce sujet sans tension, sans déni ni ignorance ?

Improbable quatre

Quatrième improbable : sans doute le plus inimaginable pour un psy. Je n'aurais jamais cherché plus avant sans les expériences précédentes. Une prof de quarante ans me consulte après une réaction excessive sur son lieu de travail. Au fur et à mesure que la confiance s'installe, elle me parle de son vécu de plusieurs années auprès d'un « maître Reiki » qui, pour donner sens à ses « visions », l'a baignée dans un monde paranormal et totalement effrayant de medium en communication avec les esprits. Ma consultante voit en effet des visages inquiétants qui viennent vers elle, comme des hallucinations visuelles, des formes qui deviennent presque imperceptibles quand elle garde les yeux ouverts. Elle a donc appris à dormir sans fermer les paupières. Et l'alcool aide comme anxiolytique et comme récompense de sa lutte méritoire.

Quand on entend ça, évidemment, on se pose la question de la psychose. Mais rien dans le profil de cette consultante ne vient corroborer cette hypothèse. Mon intuition me souffle d'aller chercher ailleurs, tout en conservant l'exigence de confirmer éventuellement le diagnostic le plus évident.

Alors, à nouveau, je me connecte. Trouver d'abord les bons mots-clés, les affiner par des premiers résultats, explorer les résumés d'articles scientifiques en anglais pour tomber sur un nom : syndrome de Charles Bonnet. Charles Bonnet est un naturaliste suisse du dix-huitième siècle dont le grand-père aveugle en raison d'une double cataracte, et qu'il savait totalement sain d'esprit, s'est mis à avoir des visions. C'est lui qui a, le premier, décrit le phénomène. Il s'agit d'hallucinations brèves, régulières, dont l'expérience est d'abord effrayante et dont les motifs se répètent : des visages souvent distordus, des personnes en costume qui peuvent faire penser à des fantômes, que l'on peut voir très petits ou très grands, parfois des paysages, des vortex, des figures géométriques. Des perceptions qui n'ont rien à voir avec la folie mais tout à voir avec le traitement visuel et qui sont notamment reliées à la dégénérescence maculaire chez les personnes âgées. Un chercheur anglais actuel, Dominic Ffytche, avance l'hypothèse que la prégnance des visages de gargouille avec les yeux proéminents que l'on trouve dans ce syndrome est provoquée par l'activation indue du module de notre cerveau qui traite et reconnaît les visages à partir de stimuli internes inadéquats. On retrouve des phénomènes identiques chez des personnes à qui l'on a retiré les deux yeux. Le plus inquiétant est que ce phénomène serait assez fréquent chez les personnes âgées, notamment en maison de retraite mais que très peu oseraient en parler, de peur d'être considérées comme folles ou démentes. Il faut imaginer l'effroi provoqué par ces perceptions quand on n'en connaît pas l'origine somatique. Et le soulagement, la capacité à les supporter, quand on nous a expliqué qu'il s'agit d'une sorte d'acouphène visuel.

Aux improbables inconnus

Les quatre situations que je viens d'évoquer ont, d'une certaine façon, une issue heureuse car l'identification de l'improbable pose le registre d'intervention, met fin aux soupçons de participation psychologique du sujet à son symptôme, borne le type de soutien ultérieur.

La leçon a tiré est simple : les psys se doivent d'être des experts du net.

Ils le doivent à leurs patients.

Mais le net n'apporte pas toujours de réponse. Je pense notamment à deux petites filles que j'ai reçues. Très différentes l'une de l'autre. J'ai reçu l'une d'elles pendant de nombreux mois. En déployant toute la créativité possible, tous les trucs, toutes les tentatives pour lui permettre de sortir de son mutisme angoissé, sombre. J'ai l'intuition forte que son fonctionnement relève d'un autre improbable. Mais je n'ai pas su trouver les bons mots-clés. Ou bien la spécificité de son fonctionnement n'est pas encore identifiée. Idem pour l'autre petite fille, au profil cognitif si atypique.

Dans ces situations d'impuissance, on ressent vraiment de la peine.
Une peine spécifique. La peine du psy.
La peine du psy qui se sait cromagnon.

CAUSER

Dialogue avec Mikkel Borch-Jacobsen

Septembre 2003 – mai 2004

Après la lecture de son livre Folies à Plusieurs *et grâce à la magie d'internet, j'ai pris contact avec Mikkel Borch-Jabcobsen. S'en est suivi un échange par mail sur des questions de fond relatives à sa Théorie de l'Artefact Généralisé.*

Voici une partie de ces échanges réorganisés thématiquement.

Sur les Reliefs de la Psychanalyse

15 septembre 2003 : Stéphane Barbery

Ma question principale, à la suite de votre article, peut se formuler ainsi : que conserver de la psychanalyse une fois que l'on considère comme acquis ce que vous démontrez ?

J'ai eu la chance de faire, jeune, une expérience heureuse de l'analyse. Que je puisse aujourd'hui nommer que cette expérience est pour l'essentiel un artefact produit par un environnement historico-social, et dont l'essentiel du mécanisme repose sur la suggestion, ne soustrait pas à cette expérience un certain nombre de gains qu'il me semble juste d'attribuer à la psychanalyse.

Parmi quelques autres gains : l'idée du sens du symptôme (autrement dit l'ébauche des mécanismes de défense), la réactualisation de l'économie psychique spinoziste, l'impact de l'infantile, de l'interdit, du primaire, les déguisements du sexuel et l'intensité de sa dynamique.

Peut-être trouverez-vous que ce sont là des attributions indues. Mais il me semble - aujourd'hui et là où j'en suis - que c'est ce qu'il restera, y compris quand le mot psychanalyse ne sera plus prononçable ou lorsqu'il sera réservé aux seuls historiens du 20ème siècle.

Vous-même, que répondriez-vous à cette question ?

Vous ne pouvez pas simplement, comme vous le faites parfois, suivre l'impulsion de votre irritation, conséquence de votre juste combat contre les sectaires défendant leurs privilèges et répondre un simple « rien ». Car votre reprise de la notion de niche écologique (j'ai été surpris de ne pas vous voir citer la mémétique contemporaine qui déploie cette métaphore) exige qu'il y ait un gain, dans l'acceptation et la diffusion de la pandémie. Et notamment chez les thérapeutes dont vous conviendrez qu'il serait statistiquement difficile de croire qu'ils aient tous été de simples clones soit idiots soit scolastiques. C'est sociologiquement possible (l'histoire n'est remplie que d'exemples de ce type) mais en dénonçant vous-même l'impermanence du psycaméléon, vous pointez également l'existence d'une pensée renouvelée donc ouverte, en construction permanente. Scientifique en somme, y compris dans ses contradictions incompatibles (il n'y a qu'à voir sur un autre registre l'état de la cosmologie contemporaine pour se rendre compte que les situations sont identiques y compris dans les sciences « dures »).

Vous me demandez ce qu'il convient de conserver de la psychanalyse. Vous vous doutez bien que de mon point de vue, il n'y a strictement rien à garder de la THÉORIE psychanalytique : toutes les soi-disant découvertes de Freud (y compris celles que vous appelez des « gains ») reposent à mon sens sur une transformation indue des artefacts psychothérapiques en faits objectifs. Vous me direz qu'il reste l'artefact et là je vous suivrais tout à fait : si l'on envisage la psychanalyse comme une technique psychothérapique parmi d'autres, il n'y a rien à lui reprocher. Elle produit (ou ne produit pas) des effets et c'est à ces effets (ces artefacts) qu'il convient de la juger de façon purement pragmatique. Mais bien évidemment, les psychanalystes eux-mêmes refuseront toujours de considérer l'analyse comme une pratique artificieuse parmi d'autres. Pour eux, thérapie et théorie (guérison et vérité) vont de pair.

Est-il vrai que le caméléonisme de la psychanalyse signale son caractère scientifique, comme vous le suggérez en comparant le caractère ouvert de la psychanalyse au perpétuel renouvellement des sciences dures ? Je ne le crois pas. Une chose est de souligner le constant ajustement des « actants » humain et matériels dans les sciences (ce que Andrew Pickering appelle la « dialectique de l'accommodation et de la résistance »), autre chose d'en conclure que tout ajustement est du même type. En psychanalyse et en psychothérapie, il n'y a aucune résistance sur laquelle accommoder la théorie, car on y a affaire à des « actants » humains qui se conforment aux théories de leurs thérapeutes. Il y a bien changement constant, en effet, mais pour de toutes autres raisons que dans les sciences dures. Il s'agit d'une adaptation à l'environnement, c'est tout. On passe d'une niche écologique à l'autre, si vous préférez, sans qu'il faille y voir le moindre « gain ».

20 octobre 2003 : Stéphane Barbery

Je ne vous suivrai pas sur l'idée qu'il n'y a rien à garder de la théorie analytique.

Que vous dénonciez l'utilisation sous forme de marque commerciale du mot psychanalyse (il y aurait une parabole amusante à établir avec les différentes versions du coca-cola : normal, light, avec ou sans caféine, en cannette, en grande bouteille, etc...), soit. Je pense souvent à une définition de la religion à son propos : une secte qui a réussi. Ce serait d'ailleurs intéressant de demander à un économiste de réaliser une analyse purement marketing de cette ® ™.

Mais au-delà des falsifications freudiennes, au-delà du caractère insatisfaisant car ridiculement grossier des modèles proposés, il y a *aussi* une pensée hypothético-déductive, une démarche autant que faire se peut scientifique.

La difficulté vient du fait que cette pensée est brouillée, parasitée par la nécessité « commerciale » et historique de nier la transe comme moteur essentiel des changements.

Qu'est-ce au fond que l'enjeu des « grandes controverses » entre kleiniens et freudiens, considérées par André Green comme un sommet et un horizon, sinon ce dialogue de dupes :

- « Vous faites de la transe donc pas de l'analyse »

- « Oui on fait de la transe mais on ne peut pas le dire. Mais vous en faites aussi. Elles sont juste moins profondes que les nôtres... »

Mais même ce point évolue. Cf. le statut de Ferenczi aujourd'hui depuis la publication de ses derniers textes...

Sans parler, sur le registre constructiviste, de la *Construction de l'espace analytique* de Viderman que je suis surpris de ne pas vous voir citer : le chapitre final où il distingue le binôme sens *et* « force » constitue du petit lait pour vous.

La versalité hyperplastique des théories analytiques ne renverrait pas, sous cette hypothèse, à un symbole zéro mais à un phénomène objectif, l'artefact nécessaire à un changement thérapeutique, dont la plasticité à la suggestion rend difficile (pour F. Roustang impossible) l'appréhension dans un logos. Cet objet serait celui d'une Théorie de l'Artefact Généralisé (TAG).

La question secondaire est, en anticipant la diffusion de la révélation des mensonges freudiens et le discrédit qui suivra, de savoir si le mot « psychanalyse » pourra continuer à être employé - sa seule survie résidant à mon sens, à partir de ses acquis, dans l'élaboration de cette TAG.

Votre argument sur l'impossibilité d'une méta-théorie ne tient pas. Preuve en est que vous n'y croyez pas vous-même : vous lui donnez un nom, TAG ; et pas simplement dans l'effet Bernheim, mais comme titre de la deuxième partie de *Folies à plusieurs*. Plus encore, ce livre contient des éléments de cette TAG.

Par exemple : votre percutante proposition d'un quatrième critère pour les MMT (Maladies Mentales Transitoires) : le critère d'irresponsabilité.

Avancer cette hypothèse, c'est devoir en rendre compte, en trouver la source, en expliquer le processus. Or la psychodynamique principalement élaborée par la psychanalyse s'est frottée à ce type de questions. Il serait donc absurde, sous prétexte que Freud et la majorité de ses « épiclones » bricolent et mentent par omission pour ne pas prononcer le mot « hypnose », de se priver de ses apports.

Kant se refuse à parler du noumène mais il écrit pourtant ses critiques. Spinoza évoque l'infinité des modes de la substance mais il écrit pourtant *l'Ethique*.

Dans vos exemples, vous dénoncez toujours, et à juste titre, le fait que les différents théoriciens proposent chacun une étiologie ultime et différente. Mais vous n'évoquez pas le fait qu'il existe un consensus sur la sémiologie (je ne parle pas de nosologie mais de la phénoménologie des processus). Je crois qu'elle n'est pas incompatible avec une TAG mais bien au contraire nécessairement partie de cette dernière. De mon point de vue, une TAG ne pourra se construire sans, par exemple, les notions d'ambivalence, de mécanismes de défense, d'économie psychique (minimax), etc...

Sur la Théorie de l'Artefact Généralisé

17 octobre 2003 : Mikkel Borch-Jacobsen

Suis-je en train d'écrire une théorie de l'artefact généralisé? La réponse est non. Lorsqu'il m'a fallu donner un sous-titre aux fragments qui composent mon article sur Bernheim et Delboeuf, j'ai cru malin de mettre « Fragments d'une théorie de l'artefact généralisé ». Bien mal m'en a pris. Tout le monde s'est polarisé sur cette théorie de l'artefact généralisé que je semblais annoncer, alors que moi je voulais insister sur la notion de fragment ! En réalité, il ne peut pas y avoir une telle théorie, car si on généralise la notion d'artefact, il s'en déduit que chaque théorie produit son propre artefact et qu'il ne peut pas, du même coup, y avoir une méta-théorie qui échapperait à ce processus.

05 novembre 2003 : Mikkel Borch-Jacobsen

Si je vous comprends bien, vous voulez englober la psychanalyse dans la TAG. Moi, je n'ai rien contre : comme je vous l'ai dit, je considère la psychanalyse comme une thérapie comme les autres, basées sur des « trucs » ni plus ni moins efficaces que ceux de la concurrence. De ce point de vue, il est bien vrai, oui, que je propose une théorie des artefacts thérapeutiques. De toute façon, on ne peut pas éviter d'avoir une théorie, bonne ou mauvaise, et je ne fais pas exception à la règle. Je continue toutefois à résister à l'idée de présenter cela comme une théorie générale subsumant toutes les autres - d'abord parce que je suis devenu modeste (empiriste) avec l'âge, et ensuite parce que c'est ce qu'ils ont tous fait, de Charcot à Lacan, avec l'inévitable résultat que leurs théories ont créé les phénomènes dont ils parlaient. Je cherche, quant à moi, une nouvelle façon de faire de la théorie, plus consciente du caractère limité, fini, relatif, de toute théorie.

Sur une contextualisation biographique

15 septembre 2003 : Stéphane Barbery

Quelques questions personnelles qui me sont venues à la lecture de vos textes : avez-vous déjà écrit un texte biographique de votre évolution intellectuelle ? Avez-vous fait l'expérience de l'analyse ? Par qui avez-vous rencontré l'hypnose ?

17 octobre 2003 : Mikkel Borch-Jacobsen

Il se trouve que je viens de repasser sur la transcription d'un débat entre le psychanalyste Georges Fischman et moi, organisé en juillet dernier par Bernard Granger pour la revue PSN (Psychiatrie, Sciences humaines, Neurosciences). Dans la mesure où j'y réponds à certaines de vos questions sur mon parcours intellectuel et sur mon attitude vis-à-vis de la psychanalyse, je vous le fais parvenir ci-joint en document attaché.

20 octobre 2003 : Stéphane Barbery

L'entretien avec PSN est *très* intéressant. Notamment les premières pages où vous contextualisez votre parcours intellectuel.

Je trouve qu'il y manque cependant un versant plus personnel, plus affectif. Notamment en ce qui concerne votre rencontre avec l'hypnose. Des pistes pour éclairer votre attachement (passé ?) à la mimesis. Le lien avec le Danemark, le parcours de votre famille. Votre polyglottisme. Quelque chose de l'ordre d'un questionnaire de Proust amélioré. Et surtout, surtout vos trucs pour lire aussi vite ! Je ne pourrai pas en une vie lire autant que vous avez lu. Je suis certain qu'une partie de l'animosité que vous trouvez chez certains de vos lecteurs vient de là : je confesse que je balance régulièrement entre un énervement jaloux et une admiration respectueuse :-)

J'ai mieux appréhendé l'intensité de votre irritation en apprenant que le milieu analytique dans lequel vous avez baigné était essentiellement lacanien. A ce titre, je trouve que vous régulez efficacement ce qui serait chez moi de l'ordre de la fureur…

05 novembre 2003 : Mikkel Borch-Jacobsen

L'entretien avec PSN : je vous fais parvenir ci-joint une autre interview avec Todd Dufresne, parue initialement en anglais et traduite en français pour un numéro récent d'*Ethnopsy*. J'y mentionne mon rapport à l'hypnose, ce que je n'ai pas fait dans l'entretien avec PSN, tout simplement parce que ce n'est pas cela qui intéressait mes interlocuteurs.

(Soit dit en passant, et puisque vous me prescrivez quelques bonnes transes profondes pour devenir enfin véritablement constructeur, je suis un très bon sujet hypnotique. Mon ami Herbert Spiegel m'a même administré un jour son fameux test d'hypnotisabilité et a déterminé que j'étais un « Grade 4 » sur une échelle de 1 à 5 (les « Grade 5 » sont les virtuoses du type Sybil). J'ai un certificat signé de lui pour le prouver. Et pourtant, je ne suis toujours pas plus constructeur pour autant…)

(…)

J'ai été très frappé par ce que vous dites au sujet de mes lectures. En ce qui me concerne, j'ai justement le sentiment inverse de ne jamais avoir assez de temps pour lire, occupé que je suis à enseigner, administrer et écrire. Si je donne l'impression que vous dites, c'est sans doute parce que je cite consciencieusement mes sources, à l'anglo-saxonne, contrairement aux habitudes françaises. En tout cas, il ne m'était jamais venu à l'idée que cette pratique scolaire était susceptible de susciter du ressentiment ! D'une certaine manière, cela me rassure, car je me suis toujours demandé pourquoi je suscite tant d'animosité chez certains de mes lecteurs.

09 novembre 2003 : Stéphane Barbery

Votre référence à votre performance au test d'hypnosabilité m'a vraiment beaucoup réjoui venant de la part d'un théoricien de l'artefact du dispositif expérimental qui ne cesse, en nancéen, de pointer que l'hypnose n'est rien !

(...)

Le lien que vous faites entre votre expérience de l'hypnose en session de formation et votre défense de la non-existence d'un « inconscient » - avec la réserve que vous soulignez en relevant ce lien - est capital.

Si nous avions à échanger dans un entretien par mail, l'un des points
fructueux pourrait être cet enjeu.

Car je ressens votre critique de l'inconscient comme excessive et
desservant le cœur de votre juste position.

(...)

J'aime beaucoup votre naïve innocence.

Biblio et notes sont toujours des roues de paon. En evopsy, les
comportements de parade suscitent toujours de l'agressivité chez les
autres mâles...

On vous hait franchement quand vous citez un article non-traduit de
Sal Y Rosas de 1957 !

Sur construire / déconstruire

15 septembre 2003 : Stéphane Barbery

Pensez-vous qu'il existe un sens (voire une suggestion) pour éclairer
votre démarche déconstructrice systématique alors que votre talent
(je vous envie le bonheur de votre style !) donne à penser que vous
pourriez être meilleur encore dans la construction (connaissez-vous
Alvin the Maker d'Orson Scott Card ?) ?

Cela signifie-t-il pour autant que je m'en tiens à une pure déconstruction, comme vous me le reprochez en m'invitant à construire, au lieu de détruire? Je ne crois pas. J'ai la faiblesse de penser, au contraire, qu'en faisant apparaître le caractère construit, artefactuel de la plupart des nos « réalités psychiques », je permets aux thérapeutes de mieux comprendre ce qu'ils font et, du même coup, de mieux travailler avec leurs patients. Bref je « construis », moi aussi, même si cela ne prend pas les allures d'une théorie en bonne et due forme.

Le clinicien artefacteur que je suis intuitionne que c'est juste une question de trouille et qu'une série de transes vous ferait le plus grand bien pour passer des fragments au gâteau :-)

Un délai d'attente de plusieurs semaines pour vos retours ne me dérange pas le moins du monde compte tenu de la profondeur de cet échange.

Je m'inquiétais juste de ce que ma remarque rigolarde et complice sur faire/défaire ne vous ait braqué. Et je perçois bien dans votre réponse la démangeaison qu'elle a produite.

Il s'agissait bien sûr tout autant d'une auto-injonction. J'aime comme vous l'escrime de la réthorique. Un goût qui me vient de Castoriadis. Et si je vous perçois comme épéiste virtuose, je me range pour ma part parmi les sabreurs besogneux qui ont la sérénité du fleuretiste pour idéal.

Ce goût est contrebalancé, dans mon expérience, par les transes si spécifiques du faire poétique, des transes, au passage, que la pratique de l'association libre analytique (qui n'a rien à voir avec le cruciverbisme lacanien) a très fortement potentialisées.

Je trouverais dommage que votre si puissant talent de styliste ne trouve pas à s'accomplir dans un faire. Que vous ne troquiez l'épée pour le ciseau de sculpteur.

Ce n'est là ni reproche ni critique. Seulement le partage d'un ressenti, d'une intuition. L'anticipation d'un plaisir.

Sur la technique psychothérapeutique

15 septembre 2003 : Stéphane Barbery

Quels sont les thérapeutes ou les théories sur la technique psychothérapique que vous recommanderiez dans un parcours de formation en psychothérapie (et j'espère que vous ne vous retrancherez pas derrière un « ce n'est pas ma partie ») ?

17 octobre 2003 : Mikkel Borch-Jacobsen

Vous me demandez quelle technique psychothérapique je recommanderais. Eh bien, toutes et aucune ! Je suis complètement agnostique en matière de thérapie, précisément parce que je n'en fais pas une affaire de théorie ou de vérité. Ça marche ou ça ne marche pas, un point c'est tout. Ceci dit, ma préférence va aux thérapeutes qui se considèrent comme de purs techniciens et qui ne prennent pas trop au sérieux les théories qui leur servent de béquilles - bref, ceux qui savent qu'ils *font* quelque chose aux patients. C'est lorsque le thérapeute oublie cette dimension de manipulation que les choses commencent à aller mal.

Sur une contextualisation philosophique

20 octobre 2003 : Stéphane Barbery

A la réflexion, il manque également une clarification du cœur de votre positionnement philosophique actuel. Vous évoquez votre évolution après la prise de conscience de votre parcours intellectuel mais vous n'en dites pas plus. J'avoue avoir remis à plus tard une lecture sérieuse de *l'inconscient malgré tout*. J'éprouve une allergie épidermique à la moindre apparition du jargon de la phéno et considère que les effets idéologiques et concrets de cette autre religion impostrice ont été et sont pires que ceux provoqués par la scolastique analytique.

Depuis mon mémoire de maîtrise sur l'imagination kantienne et le choc provoqué par l'*Ethique* de Spinoza, je me range pour ma part dans le camp des affreux crétins matérialistes.

Mon credo est que le classement de tous les débats intellectuels peut se ramener à une dichotomie unique : celle du camp où l'on se place pour la question déterminisme vs libre-arbitre. J'ai cru deviner - mais peut-être à tort - que votre constructivisme trouve sa fondation - et de façon paradoxale compte tenu de votre hégélianisme historique - dans le transcendantal. Est-ce le cas ?
Cette clarification intéresserait j'en suis sûr les happy few à même de prendre plaisir à cet enjeu…

05 novembre 2003 : Mikkel Borch-Jacobsen

Il est fort possible en effet que j'aie laissé ma position philosophique dans l'ombre. La raison en est que je n'en ai pas - ou plutôt, que je n'ai pas un système. Je crois bien que je suis devenu un de ces affreux empiristes qui changent de philosophie comme ils changent de chemise, selon le phénomène qu'ils examinent. C'est pourquoi je m'étonne que vous ayez pu croire que mon constructivisme s'enracinait dans le transcendantal. Non, non, pas du tout, je ne suis qu'un modeste bricoleur de concepts.

09 novembre 2003 : Stéphane Barbery

C'est un vrai affreux empiriste, spinoziste malgré-lui, qui vous le confirme : à vous lire, on ressent les traces profondes de votre éducation philosophique, une lumière diffuse d'idéalisme.

Peut-être qu'une façon de sonder cette hypothèse serait que vous précisiez dans quel camp vous vous placez pour ce qui concerne la question éternelle : libre-arbitre / déterminisme.

La façon dont vous posez la conscience me semble très husserlienne (d'où mon utilisation du mot transcendantal). Mon point de vue, après mon travail sur l'imagination kantienne, consiste à voir dans le transcendalisme un génial coup de bluff moraliste pour fonder la légitimité de la récompense et du châtiment.

> *Je cherche, quant à moi, une nouvelle façon de faire de la théorie, plus consciente du caractère limité, fini, relatif, de toute théorie.*

L'ontologie de Castoriadis devrait vous plaire. C'est là toute sa problématique : une philosophie du magma, du surgissement social-historique de nouvelles formes et de leurs effets en boucle, de l'impossibilité de sortir de la clôture du pour-soi.

23 mars 2004 : Stéphane Barbery

PS : à titre d'amusement, avez-vous remarqué qu'une partie de votre critique de la psychologie est similaire à celle de l'idéalisme allemand ? En gros, ne dites-vous pas en effet que le rêve du pour soi d'accéder à l'en soi est une aspiration infantile : ici-bas le phénomènal (dispositif), le nouménal (l'objet « psyche ») étant pour toujours inaccessible.

29 mars 2004 : Mikkel Borch-Jacobsen

Ceci m'amène à répondre à votre question au sujet de l'idéalisme allemand : non, je ne me vois pas en Kant barrant l'accès au noumène, car je ne crois pas qu'il y ait de noumène, justement (c'est tout le sens de ma critique de l'inconscient).

29 mars 2004 : Stéphane Barbery

Oui, j'avais bien compris. C'est pour cela que j'évoquais le rapport aux *critiques* du kantisme.

Sur niche écologique et mémétique

20 octobre 2003 : Stéphane Barbery

Dawkins et la mémétique participent de la niche actuelle qui explore cette piste. Il est même très branché de se déclarer « méméticien ». A ce titre un TAGologue est un méméticien (hommage à Dada !).
Idem pour l'evopsy (le cherry coke de la phylogenèse).

Derrière la mimesis, notre primattitude ? C'est en tous les cas une piste qui me parle.

05 novembre 2003 : Mikkel Borch-Jacobsen

C'est drôle que vous me rapprochiez de la mémétique, car c'est précisément cette proximité que me reproche mon amie Isabelle Stengers dans son petit livre sur *Hypnose entre magie et science* pp. 98-100. (Elle me reproche aussi de proposer une théorie généralisée de l'artefact - comme quoi je suis pris entre deux feux...)

Sur Accoyer

11 mars 2004 : Stéphane Barbery

J'ai pensé à vous tous ces derniers mois en plaignant avec amusement les futurs thésards qui auront à rendre compte de l'effet Accoyer dans le champ psy français. C'est vraiment drôle de voir

Jacques-Alain « Hibernatus » Miller se faire le défenseur de la Liberté. Intéressant aussi de voir les derniers feux d'une fin de cycle.

21 mars 2004 : Mikkel Borch-Jacobsen

Du fait de mon éloignement géographique, je n'ai pas vraiment suivi le débat Accoyer-Miller. Vu de mon promontoire un peu cynique, je ne vois pas pourquoi on réglementerait la pratique psychothérapique, qui n'est jamais qu'un passe-temps comme un autre entre deux « *consenting adults* ». Je n'ai jamais cru au pouvoir maléfique des thérapeutes (ou des hypnotiseurs), même s'il est bien vrai que des thérapeutes ont pu faire le malheur de leurs clients (voir Freud et la lamentable affaire Frink, par exemple). Le thérapeute propose et le client dispose, donc où est le problème? Réglementer la pratique psychothérapique a autant de sens que réglementer la pratique des échecs ou les relations amoureuses. Le débat actuel vient du fait que les thérapeutes (notamment les psychanalystes) prétendent offrir plus qu'un passe-temps.

Sur le Psycebo

11 mars 2004 : Stéphane Barbery

Pour préparer un atelier que j'animerai prochainement sur l'effet placebo en psychothérapie, j'ai rédigé ceci :

(Voir l'*Effet Placebo en Psychothérapie* dans ce volume)

Il y a notamment une idée que je ne me rappelle pas avoir lue ailleurs : l'émancipation *par* gages de soumission.

Je fais appel à votre culture encyclopédique pour savoir si d'autres auteurs ont formulé cet enjeu de cette façon.

Il me semble que cela permet de sortir de l'aspect tragique (et donc un peu déprimant) de votre description du processus psy (caricaturalement « tout est manipulation ») par la nécessité de faire des hypothèses sur les déterminants de ce script (inertie de la néoténie, évopsy-éthologie).

21 mars 2004 : Mikkel Borch-Jacobsen

Votre enquête sur le psycebo pose toutes sortes de questions qui m'intéressent aussi au plus haut point. Le problème avec le placebo, tout comme avec les notions de suggestion ou d'artefact, c'est qu'il s'agit d'une notion essentiellement négative et critique : le placebo, c'est ce que les études cliniques essayent de mesurer-contrôler pour l'éliminer. Si vous voulez potentialiser le placebo (geste tout à fait légitime et intéressant), vous risquez donc de vous heurter à tous les malentendus auxquels je me heurte moi-même lorsque je parle de « suggestion » ou d'« artefact » (vous-même me reprochez une approche tragique et déprimante de la psychothérapie, alors que je suis tout à fait en faveur de la manipulation artefactuelle - lorsqu'elle est bien faite).

Un des écueils à éviter, à mon sens, est l'identification (implicite ou explicite) de l'effet placebo à la croyance ou à la crédulité, ce qui réintroduit toute la dimension négative-critique (« ce n'est *que* du placebo », c'est de la manipulation, c'est de la tromperie, etc.) En fait, le placebo marche tout aussi bien quand les gens savent qu'ils prennent un placebo (il y a eu, comme vous le savez sans doute, des études là-dessus). Les gens ne sont pas trompés et ils ne se trompent même pas eux-mêmes. Je crois que vous prenez la bonne direction lorsque vous vous demandez si le client ne manipule pas autant le thérapeute que l'inverse.

Connaissez-vous le petit livre de Bruno Latour sur *Le culte des dieux faitiches* ? Il a des choses tout à fait intéressantes à dire au sujet de la notion de croyance, qu'il applique à la pratique de Tobie Nathan.

23 mars 2004 : Stéphane Barbery
Tout ce que vous dites de l'artefact et du dispositif est justifié.
MAIS.
J'ai le sentiment qu'il faut aller une étape plus loin encore pour comprendre la nature de certains effets thérapeutiques des dispositifs que toute société met en place comme « soignants ».

Le pas suivant consiste à voir que le dispositif, aussi arbitraire et exotique fut-il, est lui-même instrumentalisé par le consultant pour lui permettre d'accéder à une vérité subjective à laquelle il ne peut accéder seul. Les raisons de cette difficulté d'accès peuvent relever de logiques différentes : effet évolutionnaire, inertie de la néoténie, systémie, fonctionnement modulaire, etc.

Mais l'idée importante est que c'est cet accès qui guérit. Au delà du dispositif (dont l'effet spécifique, et effectif, a pour nom placebo).

Pour résumer :

- un sujet est malade d'une vérité

- il consulte un dispositif pour sa maladie

- parfois, notamment pour des raisons systémiques, ce seul dispositif suffit car le dispositif rééquilibre le mensonge [votre point de vue s'arrête ici]

- [J'ajoute] mais souvent, le dispositif libère des chaînes et permet de sortir de la grotte. Et c'est cela qui guérit : voir le soleil.

> Le thérapeute propose et le client dispose, donc où est le problème?

> Le débat actuel vient du fait que les thérapeutes (notamment les psychanalystes) prétendent offrir plus qu'un passe-temps.

Vous ne diriez pas cela si vous étiez en position clinique.

Non, les personnes qui viennent me voir ne « disposent » pas pour bon nombre d'entre elles.

Attention aux raccourcis rhétoriques insultants qui vous desservent en vous aliénant les cliniciens que vous devez plutôt convaincre. Il ne s'agit pas d'un simple débat philosophique. Il est aussi question de douleur, bien réelle, trop réelle.

En en faisant un jeu de virtuosité duelliste, vous décrédibilisez et videz de son sens, le cœur de votre propos.

> *En fait, le placebo marche tout aussi bien quand les gens savent qu'ils prennent un placebo (il y a eu, comme vous le savez sans doute, des études là-dessus).*

Dans mon souvenir du livre de P. Pignare, il me semble qu'il n'y a eu qu'une seule étude avec 9 sujets à l'hôpital...
Un peu court pour généraliser. Surtout que ce que vous dites de Orne s'applique ici aussi.

29 mars 2004 : Mikkel Borch-Jacobsen

Vous n'êtes pas le seul à me dire que ma rhétorique combative dessert mon propos, donc il doit y avoir du vrai. Pour ma défense, je dirais que je ne cherche nullement à nier le mal-être et la détresse des patients. Mais ceci ne doit pas, à mon sens, faire oublier qu'ils ne guérissent que s'ils le veulent bien, ou acceptent de considérer qu'ils sont guéris. Toute la difficulté de la psychothérapie est de les amener à ce point, bien sûr, mais en dernière instance c'est eux qui décident.

C'est ce qui fait la différence, me semble-t-il, entre la clientèle des psychothérapeutes et celle des médecins. Les « consultants » (bon terme) ne sont pas passifs, ils participent et à leur « maladie » et à leur « guérison » (termes inadéquats).

Pour des raisons qui sont vraisemblablement évidentes, je renâcle à vous suivre lorsque vous parlez de « vérité subjective ». Qu'il y ait une idiosyncrasie de consultants, c'est évident, et un bon thérapeute est celui qui sait adapter son dispositif à cette idiosyncrasie. Mais pourquoi admettre qu'il s'agit d'une « vérité subjective » qui attendrait d'être découverte ? Il me semble que l'idée de changement psychothérapique suppose justement qu'il n'y a pas de vérité à découvrir/constater. Sinon, comment les gens changeraient-ils jamais ?

(...)

Pour les études sur placebo/croyance, il faudrait que je vérifie dans mes dossiers, mais ils sont à Seattle. Je crois bien me souvenir qu'il y a eu plusieurs études, mais je peux me tromper.

29 mars 2004 : Stéphane Barbery

> *Pour des raisons qui vont sont vraisemblablement évidentes, je renâcle à vous suivre lorsque vous parlez de "vérité subjective".*

Qu'il y ait une idiosyncrasie de consultants, c'est évident, et un bon thérapeute est celui qui sait adapter son dispositif à cette idiosyncrasie. Mais pourquoi admettre qu'il s'agit d'une "vérité subjective" qui attendrait d'être découverte? Il me semble que l'idée de changement psychothérapique suppose justement qu'il n'y a pas de vérité à découvrir/constater. Sinon, comment les gens changeraient-ils jamais?

La métaphore la plus forte me permettant de donner du sens au modèle que je construis est celle du Petit Prince de Saint-Exupéry.

Un type en panne dans le désert. Qui risque la mort. Et sa voix d'enfant, authentique, qui voyage en transe pour découvrir ce qui lui importe vraiment et qui n'est visible qu'avec le cœur.

Ma notion de « vérité subjective » (appellation inadéquate) renvoie à cette prise de contact avec ce centre en soi qui ne doute pas et qui sait ce qui est bon pour soi. C'est ce contact qui guérit. Et je vous témoigne que cette prise de contact ne relève pas d'un « vouloir ».

Pour ce qui est de théoriser ce modèle, tout est à faire.

Je pressens un traitement modulaire complexe. Lié à la spécificité du traitement de l'information mnésique. Lié au mystère d'un module centralisateur (ou synchronisateur). Lié à la spécificité du traitement des affects.

L'inconscient freudien, aussi critiquable soit-il, permet de penser à la louche cette modularité complexe, polyaxiale.

Sur vouloir

29 mars 2004 : Stéphane Barbery

> *Pour ma défense, je dirais que je ne cherche nullement à nier le mal-être et la détresse des patients. Mais ceci ne doit pas, à mon sens, faire oublier qu'ils ne guérissent que s'ils le veulent bien, ou acceptent de considérer qu'ils sont guéris.*

Ces deux phrases ne sont pas compatibles et la seconde est particulièrement inacceptable pour un clinicien.

S'il s'agissait simplement de « vouloir » guérir, alors tout ce qui est psy relèverait uniquement de la simulation et donc le mal-être et la détresse ne seraient que des caprices.

Cette formulation témoigne d'un très sérieux manque d'expérience clinique et une formulation aussi énorme décrédibilise presque la totalité de votre propos. Vous êtes bien trop fin pour devenir aussi caricatural !

Cliniquement inexacte (désolé pour cet argument qui ne clôt pas la discussion mais l'ouvre sur la nécessité d'évoquer des situations concrètes), ce point de vue implique une anthropologie (et l'ontologie qui va avec) dont les fondements me semblent très peu assurés.

Votre « vouloir » renvoie d'abord nécessairement au libre-arbitre. Si vous avez des fondations philosophiques solides pour ce dernier, je suis preneur ! Avec la conséquence curieuse qu'il n'y aurait plus alors de discours scientifique (ou simplement argumenté, formalisable) pour rendre compte de l'humain, puisque ce dernier ferait émerger de lui en permanence de nouvelles chaînes causales irréductibles (littéralement *ex nihilo*), dont on ne pourrait par définition rien dire...

J'ai travaillé sur ces questions il y a un certain temps pour un mémoire de maîtrise sur l'imagination kantienne.

Votre « vouloir » implique surtout un sujet homogène, capable d'être immédiatement transparent à lui-même, mais surtout toujours masochiste quand il est en souffrance psy. Un pur sujet chrétien en somme.

Si vous prenez en considération les acquis de l'evopsy et des neurosciences (vous aurez remarqué que je n'évoque pas la métapsychologie qui garde pourtant un fort intérêt heuristique), c'est un modèle modulaire qui émerge, incompatible avec la représentation de monade transparente.

Et pour le masochisme, soit vous le renvoyez au libre-arbitre (et à la contrainte de le fonder), soit vous tentez de l'appréhender par le biais d'une économie (à la Spinoza), auquel cas, le « vouloir » s'effondre.

Il faudrait également évoquer le fait que votre « vouloir » ignore totalement la dimension systémique du symptôme qui est presque toujours une transaction adressée à la tribu, une production issue de la dynamique propre au groupe, pour-soi spécifique.

Sur le jeu

30 mars 2004 : Mikkel Borch-Jacobsen

Je sais bien qu'il est hérétique de dire que les patients ne guérissent que s'ils le veulent bien et pourtant je persiste à penser que c'est le ressort de toute psychothérapie réussie : amener le patient au moment où il accepte de changer (où il opère sa conversion, dirait-on dans un autre langage) et peut enfin voler de ses nouvelles ailes. Je ne vois pas en quoi ceci est insultant pour les patients, au contraire. Vous dites que c'est tout ramener à de la simulation - en effet, à condition de bien comprendre que la simulation n'est pas plus le mensonge que l'artefact n'est le faux. Les gens qui forment la clientèle des psychothérapeutes jouent à être malade, selon des règles qu'ils apprennent dans l'air du temps, et ils jouent à guérir. Ce jeu est très sérieux, douloureux, pénible, mais c'est un jeu quand même (si ce n'est pas un jeu, on est dans le domaine de la médecine).

Vous me reprochez d'en revenir au libre-arbitre, au choix sartrien, etc., mais je me sens vraiment très loin de cette problématique. Ce que j'essaie de cerner, c'est le moment où une personne qui a joué un jeu selon certaines règles dont elle souffre passe soudain à un autre jeu, à d'autres règles. Ce n'est pas une affaire de libre-arbitre, car cela n'arrive pas sans un partenaire de jeu (le thérapeute) capable de renvoyer la balle de façon à amener la personne à changer son jeu. Tout cela est affaire d'interaction, pas de sujet isolé dans son imprenable liberté. Reste que le jeu ne change que si la personne accepte de jouer autrement. Ce n'est pas un libre choix, mais c'est bel et bien un événement, une innovation. On peut très bien penser l'événement sans retomber dans une ontologie du sujet volontaire et autonome.

Permettez-moi de penser que la voix « authentique » (le Petit Prince) n'est loin de retomber, justement, dans une telle ontologie du sujet. Je veux bien qu'une thérapie réussie débouche sur un sentiment d'authenticité (« enfin moi-même! »), mais ce n'est pas une raison pour penser que le nouveau jeu est plus authentique ou plus vrai que le précédent. On y est plus à l'aise, c'est tout (et c'est beaucoup).

06 avril 2004 : Stéphane Barbery

Si je vous suis totalement sur la description du phénomène, votre choix de mots (et les valeurs et la théorie qu'ils impliquent) m'apparaît presque renvoyer à une autre scène.

Comment comprendre en effet une simulation qui ne serait pas mensonge, un artefact qui ne serait pas artificiel, un jeu qui ne serait pas ludique, un vouloir qui ne serait pas contrôlé. Vous vous exposez immanquablement, par ces termes, au reproche que Karl Kraus faisait à la psychanalyse au sujet d'une sexualité qui ne serait pas génitale : ne plus savoir ce que parler veut dire.

« Jeu » me semble particulièrement mal choisi. Il renvoie immanquablement au plaisir d'enfance, au « ça compte pour du beurre », et à l'acquisition de compétences d'espèce (cf. le jeu des jeunes animaux).

Qu'il y ait une jouissance du symptôme, un gain, certes. Mais pas de plaisir.

« Script social » (mieux que « scenario », qui connote trop divertissement) peut s'envisager. Il permettrait mieux d'ailleurs de désigner le moment de passage d'un script à un autre. Dans son clin d'œil à la programmation, ce terme pourrait également pointer les contraintes et les déterminants, notamment systémiques.

20 mai 2004 : Mikkel Borch-Jacobsen

Sur mon choix de mots (jeu, simulation, artefact, etc.) : je suis bien conscient des connotations de ces termes, mais j'essaie de les faire fonctionner de telle façon qu'ils fassent signe vers un au-delà des oppositions conceptuelles auxquelles ils appartiennent d'ordinaire (sérieux/non-sérieux, véracité/mensonge, naturel/technique). Et tant pis si ma réponse ressemble à du Derrida...

Pour ce qui est du jeu, j'y tiens. Pour moi, le terme ne connote pas tellement le divertissement (certains jeux peuvent être terriblement sérieux) que l'interaction et le contrat. Il faut être au moins à deux pour jouer et le jeu s'interrompt automatiquement si l'un des partenaires refuse de jouer. C'est pourquoi je reste réticent à l'égard de votre « script social », à mon sens trop rigide (trop rigidement déterministe) : on y trouve l'idée de règle, de détermination, de programmation, mais pas celle d'acceptation (ou de refus possible) de la règle.

22 mai 2004 : Stéphane Barbery

Je maintiens qu'il s'agit d'un très mauvais choix qui ne servira qu'à braquer les personnes que vous pourriez convaincre. Est-ce votre objectif ?

Le fait que vous prétendiez l'utiliser en excluant sa dimension divertissement m'intrigue.

Si vous tenez à la dimension de transaction sur les règles, je vous propose alors un autre mot : nomic.

C'est le nom d'un jeu auto-amendable :-)

[http://www.earlham.edu/~peters/nomic.htm]

L'avantage de ce signifiant est qu'il renvoie à nomos et non à jocus (badinage, plaisanterie...).

Sur déterminisme / libre-arbitre

06 avril 2004 : Stéphane Barbery

> *Reste que le jeu ne change que si la personne accepte de jouer autrement. Ce n'est pas un libre choix, mais c'est bel et bien un événement, une innovation. On peut très bien penser l'événement sans retomber dans une ontologie du sujet volontaire et autonome.*

« Si la personne accepte ». « Innovation ». Ces formulations vous cantonnent malgré vos dénégations au registre d'un sujet libre capable de faire émerger de lui-même des chaînes indéductibles. Le mot « innovation » me fait penser à la tentative de Castoriadis de fonder cette question sur une ontologie de la création (en dernière instance ex-nihilo).

La question est : comment rendre compte de cette transformation, de ce moment de passage, dans une perspective déterministe ?

L'hypothèse que je propose me semble plus riche : elle renvoie à l'idée non magique d'une expérience spécifique. Celle où un sujet modulaire, feuilleté, par delà le dispositif qui lui est proposé, retrouve contact avec un module central en lui, le module qui jauge, affecte, évalue à l'aulne de son ressenti ses représentations.

Une thérapie ne correspond plus dès lors à un simple « jeu » de script. Mais à une double instrumentalisation d'un dispositif disponible pour faire émerger cette expérience, « événement » rare, qui lui, déclenche le changement.

Donc je maintiens : le nouveau script est plus authentique que le précédent, économiquement inadéquat. Sinon on est dans le clonage sectaire à la Lacan.

Ce pourrait même être cette jauge économique (minimax spinoziste) qui permettrait de déterminer le degré d'authenticité.

20 mai 2004 : Mikkel Borch-Jacobsen

Là où je bute, c'est le déterminisme dont vous vous réclamez. Non pas que je sois un anti-déterministe épris de Liberté et d'Autonomie, mais parce que l'idée d'une causalité linéaire me semble inadéquate pour décrire un monde (le monde humain) où les effets rétroagissent sur les causes et où tout change constamment, sans qu'on puisse jamais assigner un point fixe, hors-interaction (votre « expérience spécifique », par exemple).

22 mai 2004 : Stéphane Barbery

Je suis vexé que vous puissiez me percevoir aussi simpliste.

Déterminisme ne signifie pas causalité linéaire. Surtout après chaos et fractales !

Mais la non-linéarité qui implique une quasi-impossibilité (de fait, non de droit) de prédire ne fait pas disparaître l'horrible toile des Parques.

Et l'idée que tout discours visant le vrai s'essaye à formaliser des lois.

Sur une rupture épistémologique

Réponse à question d'un lecteur

20 février 2003

Cher Correspondant,

C'est toujours pour moi un plaisir joyeux que de trouver un interlocuteur authentique qui m'interpelle sur une question de fond ! Merci pour cet éprouvé du sourire, éclairant mon visage à la lecture de votre mail.

Ma « rupture épistémologique » à moi a été de lire le *Journal Clinique* de Ferenczi et les trois volumes de sa correspondance avec Freud. Puis de travailler sur Klein pour asseoir définitivement mon pressentiment : la métapsychologie freudienne (et a fortiori lacanienne), pour passionnante qu'elle soit, est un coup d'état idéologique qui a réussi - de la même façon qu'on fait des religions des sectes qui ont réussi. Autrement dit : un dogme.

Comme dans toute église, ses prêtres couvrent l'ensemble du spectre politique : de la réaction paranoïaque à l'ultragauche parricide en passant par la majoritaire pseudo-démocratie chrétienne, bourgeoise, dont l'idéal est ce temps figé comme la poussière dans la lumière d'une vitre d'hôpital.

Cette église n'est repêchable que pour ceux qui, en son sein, ont les ressources de candeur suffisante pour poser des questions naïves, et les ressources de narcissisme suffisantes pour vivre en maverick : de chouettes personnes - j'ai eu la chance d'en rencontrer -, ayant vécu l'expérience chouette de l'autonomie sur le divan, des métaphores de l'inconscient, et qui tentent de traduire avec les mots imposés par la tribu cet indicible de la transe et de l'autonomie.

Car c'est bien de transe dont il s'agit en analyse. Et Freud – prise de conscience de quelques mois - ne vaut d'être lu qu'au regard Erickson. Et réciproquement, cela va de soi. Roustang est un bon passeur.

La psychanalyse, en l'état, ne survivra pas.

Un tantinet de lecture et de culture conduit immanquablement à la prise de conscience que sa théorie, derrière les écrans de fumée du jargon (banale stratégie aristocratique : autojustification et moteur de sa hiérarchie groupale), est une petite main d'enfant sans motricité fine qui cherche à attraper l'eau qui coule.

Au regard de la clinique, de la technique, Erickson a une plus grosse paluche.

L'evopsy et les sciences cognitives me semblent également des chemins incontournables pour qui souhaite se désaltérer à la source de la psyché.

La question politique disparaît derrière celle, philosophique, de la nécessité (rigolo cet oubli par les analystes de *l'Ananké* freudienne - Spinoza, col inévitable) et celle, biologique, de la hiérarchie (un forclos qui produit ses délires malfaisants concaténant mauvaise foi et haine de soi).

Donc, bien entendu, pas de rupture. Juste des cris de lions dans la savane cherchant à agrandir leur territoire. Les cartes changent. Pas le territoire.
La taille de la prétention territoriale n'est pas proportionnelle à l'effectivité de la jouissance domaniale. Ni à la taille du sourire du lion.

Chaleureusement

Stéphane Barbery

CERTIFIER

Les textes qui suivent ont été rédigés en 2003-2004 comme contributions au débat suscité par l'amendement Accoyer dont l'objectif était la réglementation de la pratique psychothérapique en France. Au sein des organisations professionnelles de psychologues, la position promue par certains était qu'un psychologue ne devait pas pouvoir prétendre directement au titre de thérapeute.

La position que je défends est à appréhender dans le contexte de ma formation :

- Expérience heureuse de l'analyse jeune (de 16 à 23 ans). Avec une jeune analyste parisienne lacanienne rencontrée au CMPP d'Orléans puis avec Pierre Sabourin choisi dans la liste des membres du quatrième groupe.

- Travail métapsychologique à partir de l'œuvre de Castoriadis dont je deviens un proche (18-25 ans) dans un contexte d'études universitaires sans rapport avec le monde psy (Sciences-Po, Philosophie). Inscription imaginaire dans la filiation du parcours analytique de Castoriadis (en marge du quatrième groupe, compagnon de Piera Aulagnier).

- Premières rencontres avec le quatrième groupe alors en crise interne et pour qui tout candidat, a fortiori, jeune, au parcours atypique, est un symptôme à décourager.

- Rencontre du milieu psychiatrique et psychanalytique dijonnais : stupéfaction devant la jargonerie des lacaniens locaux (1998-1999).
- Reprise d'un parcours universitaire à Caen pour obtenir le titre de psychologue me permettant au cours de la formation d'avoir accès à des stages cliniques en institution (1999-2001).
- Souffrance lors de ce parcours devant la morgue et le pouvoir des profs de fac disposant d'un pouvoir stupéfiant compte tenu de la pression du nombre. Une formation de psy qui – produit – de la souffrance (généralisée et attestable chez l'immense majorité des étudiants) compte tenu de sa configuration institutionnelle, n'est-ce pas là et un cauchemar et une grande inquiétude pour le futur ? Heureusement, quelques rencontres qui appuient et soutiennent ma vocation : Serge Blondeau, Edouard Zarifian.
- Tentative de penser ma clinique (installation en libéral) et ma pratique en refusant tout dogme d'identification groupal d'une technique.

Sur la psychothérapie

2 novembre 2003

Du psychologue et du scandale de sa formation

La définition publique implicite du psychologue, c'est d'être un psychothérapeute, un soignant de la souffrance dont l'origine n'est pas directement somatique.

L'immense majorité des pratiques effectives du psychologue, y compris celles du non clinicien, c'est d'aider et soulager ceux qu'il reçoit (y compris dans l'évaluation). Il se place forcément en position de thérapeute tout simplement parce qu'il est appréhendé comme tel. Ne voudrait-il pas de cette charge qu'il est pourtant sommé de l'investir et encourt les reproches quand il ne s'y coltine pas.

Si les psychologues cliniciens - et aux yeux du public tous les psychologues sont cliniciens - n'ont pas automatiquement le droit à la qualification de psychothérapeute, alors le titre de psychologue devient vide de sens social. Car il faudra expliquer ce qu'ils font s'ils ne sont pas en position d'aide, de soulagement c'est-à-dire, au sens strict, de soin : de thérapie. Un psychologue, ce serait quoi sinon ? Un aide-soignant ? Une maman réconfortante ? Un spécialiste ès rustine psychique ? Un clairvoyant impuissant ? Un prêtre laïc ? Un SOS amitié non bénévole ?

Plus ennuyeux, ce débat va contraindre les psychologues à révéler un scandale : à ce jour, ils ne sont pas formés à la psychothérapie. La pilule passera mieux auprès du public en soulignant que les psychiatres n'y sont pas non plus formés. Comment ? Ah bon ? Que fait la police ? Accoyer aurait-il raison ?

D'une lecture soixante-huitarde de l'amendement

La vraie question, insupportable car elle renvoie aux fondements de notre légitimité sociale, est : y a-t-il tant de cas que cela d'abus sectaires, financiers, de mauvais traitements volontaires ou par ignorance nosographique, de la part des soi-disant charlatans que vise l'amendement ? Question plus insupportable encore : le pourcentage des abus et méfaits qui leur est imputable est-il supérieur à celui que l'on peut imputer aux milieux psy dûment estampillés ? Autrement dit : bat-on vraiment un enfant et, si oui, qui bat qui ?

Que penser de Dora, Pankeiev et autres « *racailles* » reçues par Freud, justes bonnes, selon lui, à forger une métapsychologie et entretenir sa maisonnée ? Que penser des séductions de Jones, de la sadique technique active de Ferenczi, de la violence interprétative de Klein, de la folie de Kahn, du terrorisme tribal de Lacan ?

Que penser du sadisme et de l'objectivation de nombreuses techniques cognitivo-comportementales ?

Que penser de l'inutilité et du voyeurisme de nombreuses séances familiales en institution ?

Que penser de tous les thérapeutes murés dans la protection de leur silence (ou l'automatisme d'une technique à jamais figée) et qui confortent et font perdurer, aux frais de leurs patients, les souffrances de ceux-ci ?

Le plus absurde dans ce débat est que chacun sait que s'il ne s'agit que d'encadrer l'utilisation d'un mot alors cela ne changera rien à la réalité sociale de la chose.

En majorité, les personnes qui viennent me consulter sont allées voir, *avant*, un magnétiseur. Et cela ne changera pas. Le succès des thérapies « non-scientifiques » est le produit secondaire prévisible et irréductible d'un discours psy « scientifique ». Tout simplement parce que les êtres humains ont besoin que la société leur propose des procédés thérapeutiques *magiques*. On n'efface pas cent mille ans de chamanisme par amendement.

On peut en revanche par ce biais : au mieux potentialiser l'efficacité de ces pratiques qui, cantonnées à la clandestinité, augmenteront leur aura magique ; au pire, en créant de la culpabilité et de l'angoisse chez ces praticiens, provoquer une crispation sectaire et la diffusion des effets de la haine de soi de l'exclu.

Une question au passage qui donne à penser : si les mages, chanellers, newagers, toucheux et autres exorciseurs étaient aussi inefficaces, pourraient-ils vivre de leur activité et exercer sans craindre le procès permanent ? Nombre d'entre eux ne sont-ils pas de plus efficaces thérapeutes que beaucoup de psys AOC ? Horreur !

On peut donc se demander, en prenant un peu de hauteur, si cet amendement ne constitue pas, derrière les beaux atours légitimes de la protection des faibles et des ignorants, un coup de force idéologique consistant à imposer un discours dominant aux croyances infantiles des « crédules » (on explique au bon peuple ce qui est bon pour lui) – avec, pour gain très concret, la captation d'un marché en croissance rapide.

Mais les plus crédules ne seraient-ils pas ceux qui se croient les plus clairvoyants et qui ignorent pourtant la relativité historique, sociale, culturelle de toute pratique psychothérapique ? La crédulité, n'est-ce pas ignorer que depuis le début de l'histoire humaine, il y a eu des pratiques psychothérapiques non scientifiques, que toute société, toute culture forge, dans son écologie culturelle, une forme spécifique de cette pratique ? S'il peut y avoir une prétention « scientifique » à ces pratiques, ce n'est qu'à intégrer cette historicité et les conséquences théoriques qu'elle implique, notamment en terme de formation…

Peut-on reprocher le « tout et le n'importe quoi » non scientifique en lui préférant un bric-à-brac qui ne tire sa légitimité que de sa position de pouvoir scolastique ?

S'il ne s'agit en aucun cas de cautionner la jungle, il convient de reconnaître qu'on ne coupe pas les arbres avec un texte parlementaire.

Du mythe d'une formation qui purgerait l'âme

Faut-il avoir fait une analyse de plusieurs années pour être un bon thérapeute ? Aussi iconoclaste que soit cette question, une connaissance même lacunaire de l'histoire de la psychanalyse et de la psychothérapie au vingtième siècle conduit à répondre : non.
Abraham – souvent considéré comme l'un des plus sains parmi les analystes fondateurs – était-il moins thérapeute pour n'avoir pas fait d'analyse ? Milton Erickson a-t-il eu besoin d'élaborer son fantasme originaire pour être un thérapeute exceptionnel ?

Ceux qui connaissent un peu la vie des psys (leurs confrères anonymes ou la biographie des plus illustres) savent que leur vie quotidienne est émaillée de souffrances et d'aliénation - et ce quelle que soit leur validation institutionnelle voire leur fonction de formateur.

La représentation du sage, pas seulement du supposé savoir mais aussi du supposé bien vivre, est un mythe. Aucune formation ne pourra jamais garantir que ceux qu'elle forme ne recèlent pas en eux des noyaux aliénés aliénants ni que des passes difficiles dans leur vie ne les conduiront pas à traverser des moments où ils ne seront objectivement plus en état de recevoir pour aider efficacement. Pourtant, dans les faits, ils continueront à exercer. Encore un effort, Monsieur Accoyer : une qualification de « psychothérapeute » devrait au moins être contrôlée comme un permis poids-lourd : de façon continue…

Du refoulement de la suggestion comme moteur essentiel de toute cure

Au fond, ce que révèle au grand jour cet amendement est un scandale étourdissant : si l'on veut pouvoir rendre compte scientifiquement du fait que des pratiques hétérogènes aux théories strictement contradictoires ont pourtant des effets thérapeutiques sur des souffrances similaires, il faut forcément supposer qu'elles mettent en œuvre quelque chose de commun. Or, ce commun ne peut être que l'(auto)suggestion ritualisée.

Scandale absolu : au fond, peu importe la théorie, la formation ou la personne du thérapeute. Ce n'est qu'un catalyseur. L'essentiel relève du consultant, de son système de croyance dans la légitimité sociale du thérapeute, et de sa place dans la dynamique de son environnement.

Quelle énormité ! Quelle insulte ! Quelle ignorance ! Quelle bêtise ! Quel ennemi de la liberté !

Ce n'est pas le lieu ici d'argumenter cette position qui s'inscrirait dans le chemin tracé par le *Journal Clinique* de Ferenczi, l'œuvre d'Erickson et de François Roustang, qui prendrait au sérieux le travail des historiens contemporains de la psychanalyse, avec, parmi d'autres, Borch-Jacobsen, un chemin qui prendrait au sérieux, par souci de sortir de notre provincialisme social et historique, les travaux de l'ethnopsychiatrie.

Toutes les personnes formées par la psychanalyse croient le plus sincèrement du monde – j'en fus – que la psychanalyse naît de sa séparation d'avec l'hypnose et la suggestion.
Le bon thérapeute selon l'analyse – et, par son poids médiatique et universitaire, ce modèle constitue encore, notamment chez les psychologues, le mètre-étalon du thérapeute – serait ainsi celui qui ne suggestionnerait pas. Et c'est précisément pour cette raison que le « bon thérapeute » est censé mettre autant de temps pour s'approprier et contrôler ce que la psychanalyse nomme - pour ne pas utiliser le mot suggestion - son transfert. D'où l'importance, dans cette perspective, des contrôles et de l'expérience initiale longue de l'analyse. D'où la crispation, un brin parano et sécuritaire, associée à

la formation. D'autant plus stérile qu'en interrogeant l'histoire comme on l'a vu, cette crispation provoquée par le refoulement de la suggestion ne protège en rien de pratiques parfois maltraitantes et souvent inefficaces.

Autre conséquence navrante de cette dénégation idéologique : un refus catégorique de dialogue avec les minables thérapies aliénantes qui useraient éhontément et explicitement de la suggestion en manquant l'essence émancipatoire de la révolution analytique. Le résultat en est cette atmosphère de champ de bataille où un dialogue multilatéral sur les processus psychothérapeutiques, la curiosité bienveillante pour les pratiques des collègues, sont impossibles et la suspicion généralisée. Sourire triste à penser qu'au siècle prochain, nos descendants auront la même condescendance pour nous que celle que nous pouvons avoir pour les psys du XIXème siècle…

Il est important de souligner que ce refoulement de la suggestion n'est pas seulement le propre de la psychanalyse : elle l'est aussi de nombreuses autres thérapies. Relaxation, psychodrame, la toute nouvelle et médiatique EMDR, usent toutes de techniques de transe sollicitant l'autosuggestion. Chacune perdrait sa raison d'être spécifique si elle reconnaissait cette réalité. Un spécialiste de marketing verrait là l'illustration de l'efficacité de la segmentation de l'offre sur un marché, un hégélien l'Esprit de l'Histoire en marche, un méméticien un écotope en évolution.

Du parcours de tout chaman

Pour éclairer les décisions à prendre, il serait judicieux d'aller voir ce qui se fait ailleurs. Pas seulement dans les pays proches à culture identique. Mais aussi dans toutes les autres sociétés, celles qui nous charment par leur pittoresque mais qui ont *aussi* des « psychothérapeutes » efficaces et des procédures pour les former.

On pourra alors repérer des universaux dans la formation des thérapeutes.

Dont le fait d'être passé par la transe et d'y avoir découvert le fondement certain de son identité subjective. La nature de la transe importe peu : analytique, hypnotique, gestaltique, psychodramique, exorciste ou endorciste… Elle n'est qu'un rituel aux formes arbitraires, que la société autorise comme script appropriable, d'autant plus efficace qu'il sera décupabilisant (d'où l'importance du phénomène dissociatif, non strictement nécessaire à l'(auto)suggestion).

L'acquis indéfectible du siècle dernier est d'avoir pointé qu'atteindre le fondement de son identité subjective repose sur sa capacité à accéder au primaire et à l'originaire en soi, dans leur crudité violente, y accéder pour les secondariser, les métaphoriser, appréhender la nature de ses défenses, asseoir son identité sexuelle, familiale.

Mais à nouveau, le paradoxe scandaleux de l'(auto)suggestion comme moteur de la cure pointe que ce type d'élaboration n'assure en rien de la qualité de la position de thérapeute et que, bien souvent, le récit de soi ne soulage pas.

Comment vouloir alors seulement axiomatiser cette situation !

Cela conduit à assumer la dimension viscéralement subjective de la fonction thérapeutique. La psychothérapie ne peut que très marginalement s'enseigner tout simplement parce qu'il faut inventer une technique (de sollicitation de l'autosuggestion) pour chaque consultant. Cette invention est une création. On n'apprend pas à créer. On crée. Chacun avec son style.

Ceci n'est possible que si l'on investit et assume la fonction sociale de catalyseur, de passeur, de transporteur. Que si l'on fait le deuil, inconfortable, d'un savoir de technicien.

Freud pourrait-il créer la psychanalyse sous l'amendement Accoyer ?

L'institution conduit nécessairement un postulant à produire un discours formaté, attendu. Si seules les institutions habilitent, alors de nombreuses personnalités fortes, notamment les créateurs, qui refusent les logiques tribales et la soumission factice, ne pourront pas prétendre à cette qualification.

De nombreux grands thérapeutes ont des parcours atypiques car ils choisissent cette voie après l'expérience d'un chemin d'autonomie personnelle. Ce chemin ne se décide pas en général au sortir du bac. S'ils font l'effort (financier, familial) de reprendre des études ultérieures pour obtenir, par exemple, le titre de psychologue, alors ils auront montré qu'ils n'étaient pas des charlatans.

Le dispositif mis en place par l'amendement fige des théories dont il faut rappeler qu'elles ne sont authentiquement scientifiques que si elles sont provisoires, falsifiables.

La procédure de validation pour les cursus atypiques se doit donc d'être permanente car ce serait sinon priver la collectivité des apports des futurs innovateurs.

Légalité, l'égalité ?

Que penser d'une qualification que l'on ne peut acquérir à l'Université ?

Que penser de l'inégalité citoyenne provoquée par l'accès au coût (sans parler de l'accès géographique) des formations privées ?

L'amendement ne revient-il pas à la mise en place de l'achat d'une charge ?

Que penser surtout de la différence radicale, en temps et en coût, des différentes formations qualifiantes ? Une loi peut-elle susciter et créer pareilles inégalités ?

Pour les postulants futurs, entre une formation de 20 jours à une technique comportementale n'exigeant aucune élaboration personnelle et plusieurs années d'analyse, le choix sera rapidement fait. Idem entre des supervisions associatives mensuelles et plusieurs années de contrôles hebdomadaires à 100 euros la séance…

Au passage, une question absente de cet amendement : quel sera le statut de ceux qui sont en procédure d'habilitation au sein d'une institution ? Comment se déclareront-ils auprès des personnes qu'ils recevront : comme non thérapeutes ? Comment se présenteront-ils s'ils s'installent en libéral ?

Propositions d'amendement de l'amendement

Les réflexions précédentes me conduisent aux propositions suivantes.

a) S'il ne s'agit que de protéger des zozos et des erreurs de diagnostics élémentaires (psychose, décompensation, troubles d'origine somatique), le cursus universitaire des psychologues cliniciens (y compris ceux passés par des voies de recherche) et des psychiatres suffit.

Quelqu'un qui a fait ce parcours, déjà exigeant en lui-même, est forcément en mesure de connaître les limites de son intervention. Il a déjà été en position clinique pendant ses stages. Il a déjà été contrôlé et validé par des professionnels. S'il présentait un danger, il ne serait pas validé comme psychologue clinicien ou psychiatre.

b) Si cette première modification n'est pas acceptée, il conviendrait de modifier la nature de la commission d'évaluation. Cette dernière ne devrait pas seulement valider les non psychologues et les non psychiatres exerçant depuis plus de 5 ans à la date de promulgation de la loi mais également, de façon permanente, les psychologues et les psychiatres qui n'ont pas de validation institutionnelle autre que leur diplôme initial mais qui voudront argumenter de leur position de thérapeute et expliquer la spécificité de leur parcours.

c) Une autre solution, qui apparaîtrait beaucoup plus riche, consisterait dans la création de groupes « Balint » locaux mensuels. La présence obligatoire à l'un de ces groupes - le choix du groupe étant libre - serait ainsi le seul critère de qualification de psychothérapeute pour les psychologues et les psychiatres. Les avantages de ce dispositif seraient nombreux :
- Contrôle réciproque continu (et plus seulement initial) : rendre compte de sa pratique devant d'autres qui ne sont pas constitués en jury mais sont collègues ; le faire en petits comités locaux qui seraient ainsi responsables collégialement.

- Elaboration multidisciplinaire : susciter des rencontres et des dialogues entre cliniciens qui, pour des raisons tribales, institutionnelles, ne se rencontrent pas : psychologues et psychiatres, spécialistes de telle ou telle technique, libéraux et praticiens hospitaliers.

- Formation continue permanente : ces groupes susciteraient des dynamiques de curiosité, de formation et de recherche multidisciplinaire sur la nature des processus thérapeutiques.

d) Si aucune de ces propositions – de bon sens – n'est retenue, il convient au minimum d'associer à l'amendement la création de Diplômes Universitaires permettant aux psychologues et psychiatres d'accéder à la qualification de thérapeute. Ces DU devraient exister sur l'ensemble du territoire pour garantir l'égalité (financière et géographique) devant la loi.

Du Sage au Psy

11 Novembre 2003

Extrait d'un message posté sur la liste interne d'un syndicat de Psychologues.

Bis : si le psychologue clinicien n'est pas thérapeute, alors qu'est-il ?

Dans un message du 3 novembre, un collègue écrit : « la formation universitaire seule en psycho clinique et/ou psychopathologique ne suffit pas ». Le message invite à quitter l'organisation si l'on n'est pas d'accord sur ce point.

Si notre organisation ne défend pas l'idée que les psychologues qui se sont spécialisés en maîtrise et troisième cycle en psychopatho et clinique doivent être automatiquement considérés comme psychothérapeute, alors la conséquence est simple : il faudra expliquer ce qu'ils font. Il faudra l'expliquer aux recruteurs, aux collègues non psychologues dans les institutions. Mais il faudra surtout l'expliquer au grand public.

- Alors comme ça vous n'êtes pas thérapeute ?
- Euh non mais...

- Donc c'est quoi qu'vous faites, vous pouvez m'aider (ou aider ma fille) à aller mieux ?

- Oui mais…

- Ben si vous pouvez aider à aller mieux, c'est que vous êtes thérapeute ?

- Euh, non, vous comprenez, c'est délicat…

- Eh ben, si même les psys savent plus ce que parler veut dire, nous v'là bien !

Je le répète, il n'y a pas de distinction pour le public entre psychologue, psychologue clinicien et psychothérapeute – et dans les faits, formation ou pas, nous sommes thérapeutes parce qu'on nous perçoit tels. Affirmer qu'un psychologue clinicien n'est pas automatiquement psychothérapeute, alors c'est vider de sens social un titre. Beau projet syndical !

Il faudra effectivement en tirer les conséquences.

De l'ontologie des yaourts

Au supermarché Leclerc de Bayeux, l'allée cathédrale des yaourts m'inspire toujours un peu d'effroi mystique. Deux fois vingt mètres de linéaires à six étages ! Et si pour moi, je choisis toujours des Sojasun ananas-orange et des crèmes coco allégées, j'observe que d'autres se font du bien avec des yaourts bulgares et des petits suisses fraise abricot.

Un Yaourt, des yaourts.

Un Psy, des psys.

L'Un plotinien et les petits autres de la trivialité empirique.

Accoyer ou le croisement de deux vecteurs historiques opposés : l'unification hégélienne et la segmentation individualiste.

Il y a une raison pour laquelle la société désigne les chiatres, les chologues et les chothérapeutes dans un signifiant unique, une lettre unique, grecque de surcroît : « psy ». C'est que, pour toute société, cette fonction est une et homogène. Et il n'y a, en effet, aucune rationalité, si ce n'est l'inertie historique, qui explique pourquoi psychiatrie et psychologie ne fusionnent pas dans un même titre et une unique formation à spécialités. Cela prendra un siècle ou deux, beaucoup moins si la médiévalisation des laitages prenait fin. On aura droit à de beaux fantasmes kleiniens (qui bouffe qui) et à de belles luttes de classe (« Comment ? Des marauds qui n'ont que 5/9ème de sang bleu prétendent abolir nos privilèges ? Et quoi encore, il faudrait peut-être les rémunérer pour des stages d'internats, tant qu'on y est ! »).

Ce type de fusion de lignée ne se fait en général que par le haut. Il se fera donc par l'internat et le doctorat avec l'ultra-sélection qui va de pair.

Et, bien entendu, cela suscitera son marché gris de pratiques non légales mais efficaces. Car l'avenir est aussi celui de cathédrales de yaourts plus gigantesques encore !

Du Sage au Psy

Difficile de contrevenir à plusieurs millénaires de figure sociale du sage. Et difficile d'aller à l'encontre du principe du minimax spinoziste de l'économie psychique :

- On souffre quand on est aliéné.

- On est aliéné quand on n'a pas conscience des causes qui nous régissent.

- L'accroissement de la conscience des causes accroît notre puissance d'agir et se traduit par de la joie.

- Thérapie = Sagesse= Autonomie = Joie

On souffrirait donc de son ignorance. L'enquête menée avec l'aide du psy permettrait d'atteindre au Vrai, au Bien à l'Etre. Oh merci mon gourou de m'avoir mis sur la voie de la lumière.

Double difficulté :

a) Depuis le début de la discussion sur la définition de psychothérapie, on tourne autour de la thérapie comme chemin d'autonomie. Mais il n'est pas possible de définir psychothérapie par philosophie. Sinon, les philosophes vont se mettre à défiler devant l'Assemblée Nationale et à ouvrir en masse, comme certains le font déjà, des cabinets.

b) La mythologie analytique de la vérité thérapeutique ne correspond qu'à un seul et unique type de yaourt. *Comprendre soulage rarement.* L'hyperplasticité de l'(auto)suggestion peut guérir, soigner, transformer et permettre à quelqu'un de se placer au cœur de sa vie par l'intermédiaire de procédures non dialectiques, non philosophiques.

Donc oui, il est temps que cette organisation définisse sa position au regard de la psychanalyse.

MOQUER

Mode d'emploi pour une pensée freudologique

Novembre 2000

Pour faire un jour partie de la tribu des chargés de cours en freudologie, suivre attentivement les règles suivantes.

Spécialisez-vous dans une micro-niche encore non occupée. Le plus simple est de choisir une notion de peu d'intérêt (toutes les niches des notions intéressantes sont occupées par les seigneurs dont vous devez devenir le vassal pour espérer devenir seigneur quand vous serez vieux) et de montrer qu'elle éclaire de façon transversale l'œuvre de Freud.

Rappellez-vous, vous êtes un historien, et non un penseur. Vous devez conforter et non innover.

Citez Freud dans la GW et la SE. Précisez que la traduction française n'est que contre-sens, censure, erreur, tronquement.

1. Citez des anecdotes biographiques inédites tirées d'une correspondance rare de Freud.
2. Montrez que Freud avait tout compris avant tout le monde.
3. Montrez que Freud n'avait pas tout compris de ce qu'il disait lui-même.

4. Citez un commentateur, si possible chef de votre école doctorale ou qui occupe une position clé dans le monde français de l'édition psychanalytique, qui prétend avoir mieux compris ce que Freud n'avait pas compris de sa propre pensée.

5. Montrez que ce commentateur s'est légèrement trompé et que vous avez mieux compris ce que le commentateur prétend avoir mieux compris de ce que Freud n'avait pas compris de sa pensée.

6. Utilisez si possible pour ta démonstration les résultats d'un auteur anglo-saxon dont la publication n'est pas encore traduite en français. Citez cet auteur pour montrer que vous êtes à la pointe de l'information.

7. Trouvez coûte que coûte des analogies avec le champ des sciences dures à la mode (chaos, catastrophe, biologie, physique quantique).

8. Tant que faire se peut, usez d'une ou deux références philosophiques lourdes (Platon, Aristote, Kant, Hegel).

9. N'hésitez pas à prendre un ton moraliste, donnez des leçons (« ah, si tous étaient aussi sérieux que nous ! »).

10. Citez vos autres articles, surtout les non-publiés.

11. Critiquez Lacan tout en lui reconnaissant son intelligence.

12. Moquez-vous des réactions des élèves directs de Freud (Ferenczi est utile) en mettant en évidence à quel point tout le monde s'est comporté de façon infantile avec Freud.

13. Faites des allusions subtiles à la clinique mais sans faire la bourde de l'évoquer directement (vous perdriez vôtre aura de théoricien).

14. Travaillez à la marge, surtout ne critiquez pas frontalement, considérez-vous comme un éditeur et votre travail comme un appareil critique, une production de notes en bas de page de certitudes incontournables : soyez scolastique.

15. Ne vous posez jamais la question de savoir pourquoi vous perdez autant de temps et d'énergie à écrire des articles ou des conférences sur des points secondaires, ce qui a pour vertu de vous éviter de vous confronter à la clinique où l'on ne rencontre que de la « *racaille* » souffrante mais cependant bien utile pour asseoir son train de vie. La culpabilité née de votre soif de pouvoir pourrait inhiber et donc retarder ponctuellement votre recherche, offrant à vos concurrents des opportunités. Les places sont rares donc chères, n'oublicz pas la *vraie* règle d'or, *survival of the fittest.*

16. Utilisez un style obscur, peu soucieux des enchaînements : il faut donner du travail à ses lecteurs. Soignez votre « abstract » car vous savez que seule cette partie sera lue.

17. Si on vous charge d'un cours, ne le préparez pas (ce serait perte de temps) : lisez un brouillon de votre article. Insistez bien sur le fait que c'est une recherche en cours, que c'est votre hypothèse, qu'elle est discutable et que hélas, le temps dont vous disposez ne vous permet pas de développer votre abyssale réflexion qui, seule, éclairerait les quelques

contradictions évidentes que des étudiants impertinents – et qui ne feront donc jamais partie de la tribu – ne manqueront pas de relever. Si la remise en cause devient trop intense, restez silencieux, provoquez chez eux un malaise surmoïque et vous pourrez finir tranquillement.

Si vous respectez scrupuleusement toutes ces règles, si vous nouez des relations œdipiennes avec un seigneur qui pourra utiliser vos travaux ou votre poste pour augmenter son territoire (ou faire chier le voisin), alors peut-être un jour…

Exemple d'application

Micro-niche : Le rien chez Freud.

Article résumant votre thèse : « Parler pour ne rien dire : Hans, Einstein et la clinique du néant. »

Abstract : Cet article est le résumé d'un long travail de recherche où l'œuvre de Freud, dans sa double dimension synchronique et diachronique, est réinterrogée à l'aulne du paradigme de la physique einsteinienne du néant. Il sera montré que le rien est d'une aide précieuse pour sortir des impasses techniques rencontrées par la clinique infantile post-bionienne.

Extrait de l'article : « *Prenons une hystérique muette dans le coma, que cherche-t-elle à nous dire ? Rien. Que cherche-t-elle à faire sur le plan sexuel ? Rien. Que peut-on pour elle ? Rien* » Cette phrase de

Freud, tirée d'une correspondance inédite au Pif-Zeitung Munich en 1915 - c'est-à-dire au moment même où il dialoguait avec Einstein -, découverte que nous devons au professeur Kiskasslagueulansky et publiée dans la Harvard Comic School of Psychopathology (N° 0, à paraître), cette phrase en exergue de notre travail est capitale pour saisir l'importance de la pensée du néant pour la psychanalyse contemporaine. D'une part, elle refonde les socles étiologiques de l'hystérie mais elle résonne surtout de façon évidente avec le fameux rêve silencieux et vide que Freud évoque comme la clé de ses découvertes ultérieures et que nous avons malheureusement perdu (Voir sur ce point la note contestable dans la bibliographie de la GW. Nous nous rapprocherions quant à nous plutôt du point de vue des éditeurs anglais).

Comme l'écrit Pascal, en référence au Timée : *devum nada pensarum ousque psycheus nada comprenarum.*

Rien, comme le souligne Pontalis en reprenant une remarque pertinente – et pour une fois compréhensible - de Lacan, c'est justement ce que disait le petit Einstein quand il ne parlait pas encore ! Or Einstein produisit une théorie de la relativité c'est-à-dire des suites chronologiques du néant et non pas une girafe comme le petit Hans, fils d'un Max Graff dont il faut bien remarquer la position infantile vis à vis de Freud.

C'est donc dans la relativité que nous tenterons d'éclairer l'accès au dire, et plus particulièrement au rien dire, au titre de condition fondamentale de la création comme pulsion sublimée. Seule, en effet, l'appréhension de l'univers physique – donc du somatique – comme courbure d'espace-temps permet, à partir du paradigme des trous noirs, d'appréhender la castration comme origine et source de toute dynamique. Pour conclure en éclairant la dialectique dire/faire, nous proposerons de revenir à la technique ferenczienne de relaxation où il s'agit bien évidemment de ne *rien* faire.

Tuyau : cet extrait légèrement délayé permet de tenir un cours de troisième cycle de deux heures.

« Parlez-vous lacanien ? »

Août 2001

Phrase à traduire

« Ce soir, j'ai faim, je vais manger des nouilles et je me rincerai le gosier d'une petite bière. Burp, crévindieu, c'était bon »

Traduction en lacanien

Gertrude Phalle, dans son excellent livre *Patristique et petit a*, nous éclaire sur l'enjeu majeur de notre temps : « obscura obscurarum ». L'obscurité du signe découvre la post-temporalité prénocturne. Le dévoilement de l'être conduit à l'éblouissement qui appelle à l'apaisement chronique - antichronologique selon la terminologie de Deleuze et Guattari - de l'éveil. Cette scansion ontologique que Legendre a, dans son séminaire, travaillée comme rythme du droit, se profile comme la révélation que ne peuvent pas voir, figés qu'ils sont dans un positivisme nigaud, les prosélytes de la neurobiologie ou les zélateurs de l'ego-IPAologie, ces distributeurs automatiques de la tranquillité bourgeoise. Car seule la dimension subversive du parlêtre peut soutenir la boucle logique de la pulsion que l'on dit orale. Comment expliquer sinon le choix de ces petits phallus recroquevillés qui nous viennent de la Botte et dont le nom consonne avec les Choses - l'impensable de la Chose venant s'avatariser dans le réseau du multiple (Cf. Pierre Lévy qui pointe dans son dernier livre que bug pourrait se traduire par « coquillette »). C'est pour mieux fuir, faire fi (phi) de la pâte alphabet, aleph borgien, que ce tiers de tore a été péché de son élection. Cette dévoration, que Freud, dans son *Totem,* n'aurait pas reniée, d'un signifiant maître, nous poinçonne qu'un déplacement de syntaxe qui vaut comme spaltung y a été forclos : celui de la soif qui se rappelle au souvenir de l'instance de la lèvre. Le schéma T, dont Jacques-Alain Miller a produit une remarquable exégèse, permet de relier la topologie du trou des corps à celle du trou où l'on choît enfin : celle de sa bière, cette ère double, imaginaire et symbolique, et qui nous fait errer le réel. Ce tissu qui tord le cou à la soif libidinale, seule la jouissance, *hubris* de l'étant qui cause (Spinoza, *Ethique*), en permet l'issue par l'éructation du symptôme. Cette éructation, c'est l'inscription de la mort du père-qui-donne-le-nom, ce père négateur déconstruit par Derrida lors de sa si utile lecture des inédits de Hegel, inédits sans lesquels il est impossible de faire l'assomption de l'asymptote de ce que d'aucun nomme le mondialisme contemporain. La fin louée, sacralisée, mais qui pourrait mener à l'excommunication, de ce nom-du-père, boucle sur le *es*, réservoir de ce que la divine tripière nomme bons. Sade y vient évidemment cligner de sa scopie.

L'Envers du Code

Mai 2003

Que *devrait* penser un psychologue à l'écoute d'un discours de ligue de vertu à la parfaite rhétorique de procès-verbal ? *Devrait*-il à tout le moins lever un sourcil en suspectant l'anguille sous la roche ?

S'il se souvient de *Totem et Tabou*, il sait qu'il n'est nul besoin d'interdit sans la pression d'un désir permanent et prohibé. L'injonction « tu dois » (la déontologie, c'est le discours sur les devoirs) n'est que la formulation positive de l'interdit. Par conséquent, la table de Moïse des psychologues peut être lue dans son envers radiographique comme collection des désirs condamnables constamment à l'œuvre pour qui revêt le manteau psy.

C'est à une lecture de cet envers que je vous invite. De l'envers et du non-dit qui se déploie dans une libre-association personnelle. A partir d'une lecture ligne à ligne, mot à mot pour les mots-clés du préambule, du code de déontologie de 1996.

Cet inconscient du texte n'est pas sa vérité, son *décodage* exclusif. Il est juste l'un des pôles qui met en tension ce dont il est question quand les psychologues parlent de déontologie. Précisément la tension qui rend la pratique *vivante* c'est-à-dire parfois source d'angoisse. Tension dont le risque inquiétant viendrait du déni de son existence, du refoulement de sa permanente actualité.

Code	Derrière sa vocation nomographique première, le mot « code » n'échappe pas à ses échos sémantiques :
	Au permis, on peut bien avoir son *code* (qui n'est pas toujours d'honneur), il faut *aussi* passer la conduite.
	Briser, craquer le *code*, c'est l'objectif du cryptographe. Le découvrir, de Champollion et, par ricochet, de Freud et de sa descendance.
	Le « craquage sans conduite » définirait-il la formation des psychologues ?
Déontologie	Un must have des années 80.
	Un mixte de morale chic, scientifique, et d'un soupçon de terminologie médicale. Contre-coup de la disparition idéologique de la dialectique marxiste (la marche historique des exploités, dont n'a jamais fait partie la profession) et pour ne pas laisser le libéralisme face à lui-même.
	Non pas morale ou éthique, car il s'agit de normer une transaction : de l'argent circule, le sien ou celui de la collectivité. On peut se faire rouler, il peut y avoir malfaçons. D'où la nécessité de rassurer le marché. Lui permettre de se plaindre en

	cas de tromperie sur la marchandise. Comme si l'impératif catégorique kantien ne suffisait pas. Et, effectivement, l'impératif catégorique ne suffit *jamais* face au désir.
Le respect de la personne humaine dans sa dimension psychique est un droit inaliénable. Sa reconnaissance fonde l'action des psychologues.	Cet envol n'est pas un interdit, pas un devoir. Mais un axiome principiel sous forme d'évidence. Après lecture et relecture, cette phrase ne veut rien dire. Comme elle fonde la profession, il y a de quoi être inquiet. Elle emprunte le formalisme des déclarations universelles pour tenter de se parer de sérieux. Mais que dit-elle au fond ?
Respect	On peut trouver à tout le moins une triple dimension au « respect » : - Déférence, reconnaissance, on baisse la tête comme un noble devant un autre à Versailles, on se garde à vous pour un salut militaire hollywoodien. - Tolérance : indulgence devant une altérité qu'on ne comprend pas, qu'on méprise comme une nuisance bénigne, de mauvais goût ou comme un vice qu'une société donnée s'accorde à reconnaître comme irréductible : les maisons de tolérance ne sont plus aujourd'hui tolérées. - Assujettissement, soumission à l'autorité : on

	respecte ses parents. La loi. On s'y conforme. Le respect peut-il être une fondation authentique ?
Personne humaine	On sent là une périphrase anti-machiste. Sauf qu'elle introduit un terme à double connotation négative : - personne comme nobody. - personne dans son sens étymologique de porteur de masques, c'est-à-dire de construction sociale — ce contre quoi précisément en vérité le psychologue se bat avec les sujets qu'il reçoit et qui veulent se débarrasser de leurs masques de persona pour atteindre à leur vérité de sujet. (Mais sujet est-ce un si bon terme que cela ? Le sujet politique est le vassal d'un souverain…).
Dimension psychique	Que le psycho-logue s'occupe du psych-ique, merci, bravo, on s'y attendait. La collectivité à laquelle s'adresse ce texte mériterait quand même un embryon de définition. L'être humain est-il pluridimensionnel ? Quelles sont les autres dimensions ? Somatique ? Economique ? Religieuse ? Pour quelles interactions ? Quelles frontières ? Cette affirmation principielle n'est-elle pas lourde de positions philosophiques discutables : dualisme à tout le moins ? Bref, la dimension psychique n'est-elle pas une âme désenchantée, scienticisée par une référence grecque philosophiquement

	légitimante ? Autrement dit un artefact de communication : un slogan. Quel signifié pour ce signifiant ? Quel est l'objet spécifique de la psychologie ?
Droit	Le respect, un droit ? La formulation est malheureuse et pointe la transgression permanente. Car c'est le droit qui implique qu'on le respecte. Insister sur le respect du droit, poser le respect comme droit, c'est reconnaître que le droit n'est pas respecté. Deux questions alors : - Quel est le droit princeps attaché à la « dimension psychique » qui implique un respect avant le respect lui-même ? En quoi la dimension psychique diffère-t-elle du sujet du droit dont il est question dans les déclarations des droits de l'homme ? La « dimension psychique », est-ce autre chose que ce qui constitue « la personnalité juridique » du droit ? - Qui, où et dans quelles circonstances, ne respecte pas la « dimension psychique de l'être humain » aujourd'hui ? Comment manquer de respect à quelque chose qui n'est pas défini ? Faut-il entendre la dimension psychique comme personnalité morale « intime », en deçà du droit ? Est-il question de la protection de la sphère hyperprivée ? De l'inavouable ? De la jouissance à

	la pensée délinquante ? Il y aurait alors un certain humour à garantir en termes légaux le respect du désir de transgression. Et puis encore : quel devoir attache-t-on à ce droit ? Celui de le reconnaître à l'autre ?
Inaliénable	Faust, tiens-toi le pour dit : il est interdit de vendre ton âme. Mais l'objet de la psychologie, c'est peut-être précisément cela : l'aliénation. La douleur jouissante d'être aliéné à l'autre. De satisfaire le bon plaisir de l'autre comme prix d'un confort de routine, pour échapper à l'angoisse infantile de ne pas avoir d'enveloppe. Du coup, le désir secret, c'est peut-être de rendre l'aliénation inaliénable. Dans cette formulation, un indice de cette aspiration ?
Règle professionnelle	Précision importante car elle limite le champ d'application des principes énoncés. Ce n'est pas comme le philosophe qui ne peut fermer la porte de son cabinet de travail et cesser d'être philosophe. Il s'agit des règles de bonne conduite professionnelle. Peut-on y lire la trace d'un esprit corporatiste et de sa contradiction : peut-on à la fois déclamer l'universel et se limiter à du particulier, aux bornes

	d'une prestation rémunérée, d'une activité économique ?
Titre de psychologue	La notion de titre renvoie à un triplet : - titre de noblesse et abolition des privilèges - titre de propriété - titre et faisant fonction : comme les grades de l'armée ou la hiérarchie médicale. Car tout l'enjeu est là : tout le monde sait que le titre n'est pas le garant de la capacité à faire fonction. Chaque psychologue sait que sa formation universitaire n'a rien à voir avec sa fonction. Et pourtant les prétendants sans titre au « faire fonction » sont trop nombreux pour qu'on les laisse envahir le marché - protectionnisme économique en outre très réellement justifié par la nécessité d'empêcher les escrocs de nuire. Tous les métiers sont confrontés à la question de l'imposture. A l'imposture de leur formation initiale. A l'imposture de leur pratique débutante. A l'imposture de leurs canards boiteux qui découvrent, pendant leur formation ou lors de

leurs premières années de pratiques, que ce métier ne leur correspond pas et qui n'ont pas les ressources personnelles ou financières pour en tirer les conséquences.

A l'imposture des personnes usées ou qui, pour des raisons personnelles, ne sont plus en état de faire fonction.

A l'imposture de ceux qui décident d'assumer cette imposture, et qui, passé le danger d'avoir été pris en défaut, ont acquis avec le temps une position de pouvoir dont ils comptent tirer des rentes à la hauteur des efforts investis et qui, avec une certaine haine de soi, se feront les agents formateurs de l'imposture.

A l'imposture du savoir infiniment imparfait de toute discipline, au décalage entre ce qu'il est possible de faire intentionnellement et ce que la société dans les faits demande– grâce soit rendue à la suggestion et au jargon qui masquent cet écart.

Le code de déontologie est-il un moyen efficace pour les psychologues de lutter contre cette imposture ou contribue-t-il à masquer l'importance de l'enjeu au sein de la profession ?

En ne nommant pas son objet, comme s'il relevait de l'évidence, pour éviter des crises fratricides internes (mais peut-on considérer comme « fratrie » un ensemble de groupes sans filiation

	commune ?), le code, en l'état, ne transforme-t-il pas une promesse de bonne conduite en un « circulez ya rien à voir » alors que la position morale, universalisable, devrait être plutôt appel à interpellation publique sur l'objet, les missions, les méthodes des psychologues ? La question de l'imposture, pour les psychologues, n'est-elle pas encore accrue par leur mission qui est de pressentir et de défaire la duplicité, l'aliénation ?
Quels que soient leur mode d'exercice et leur cadre professionnel, y compris leurs activités d'enseignement et de recherche.	Qu'ont tous les psychologues en commun ? Le code de déontologie ? Mais lui-même ne dit rien de l'objet de la psychologie ! S'il s'agit d'une pratique probe et responsable, les principes communs n'en sont-ils pas simplement ceux d'une citoyenneté républicaine ? Alors quoi : tout démocrate serait-il psychologue ?
Sa finalité est avant tout de protéger le public et les psychologues contre les mésusages de la psychologie et contre l'usage de méthodes et techniques se réclamant abusivement de la psychologie.	Question candide : cette protection est-elle logiquement possible sans que la psychologie soit définie ?
L'adhésion des psychologues à ces organisations implique leur engagement à respecter les dispositions du Code.	Moins d'un septième de l'ensemble des psychologues français fait partie d'une organisation. Le code, en l'état, est donc optionnel, un engagement personnel, jamais formel, public. Une étape transitoire, donc, à laquelle voudrait contribuer cette lecture de son envers implicite.
TITRE I- PRINCIPES GENERAUX La complexité des situations psychologiques s'oppose à la simple	*Molla lex sed lex* Rassurons-nous, tout ce qui suit c'est bien joli

application systématique de règles pratiques. Le respect des règles du présent Code de Déontologie repose sur une réflexion éthique et une capacité de discernement, dans l'observance des grands principes suivants:	mais yaura toujours moyen de s'arranger si le psychologue accusé n'est pas trop débile.
1/ Respect des droits de la personne Le psychologue réfère son exercice aux principes édictés par les législations nationale, européenne et internationale sur le respect des droits fondamentaux des personnes, et spécialement de leur dignité, de leur liberté et de leur protection. Il n'intervient qu'avec le consentement libre et éclairé des personnes concernées. Réciproquement, toute personne doit pouvoir s'adresser directement et librement à un psychologue. Le psychologue préserve la vie privée des personnes en garantissant le respect du secret professionnel, y compris entre collègues. Il respecte le principe fondamental que nul n'est tenu de révéler quoi que ce soit sur lui-même.	**1/ Droit seigneurial au Paris-Match** Le psychologue, comme tout être humain, rêve d'aliéner et de dominer l'autre. Il désire s'imposer autoritairement à l'autre sans lui demander son avis parce qu'il sait ce qui est bien pour ses consultants qui, de toute façon, n'y entendent rien et auxquels il faut toujours tirer les vers du nez. Il prend plaisir à parler et rire de tout ce qui est croustillant avec ses proches, amis et collègues. Il désire montrer aux autres combien il est brave par le récit des horreurs de la vie des autres. Sans compter que ça soulage toujours de l'angoisse de devoir se trimballer ça seul.
2/ Compétence Le psychologue tient ses compétences de connaissances théoriques régulièrement mises à jour, d'une formation continue et d'une formation à discerner son implication personnelle dans la compréhension d'autrui. Chaque psychologue est garant de ses qualifications particulières et définit ses limites propres, compte tenu de sa formation et de son expérience. Il refuse toute intervention lorsqu'il sait ne pas	**2/ Droit à la Paresse** Après en avoir sué pour ses études, avoir pesté contre les ponctions de son analyste sur son chiche salaire de débutant, tout psychologue désire glander en faisant des siestes silencieuses dans son fauteuil et en attendant la retraite. Il n'investira dans une supervision que pour obtenir un label AOC. Un psychologue peut tout faire et n'importe

avoir les compétences requises.	comment parce qu'après tout, c'est juste des mots et que si ça foire, ça sera toujours la faute du consultant.
3/ Responsabilité Outre les responsabilités définies par la loi commune, le psychologue a une responsabilité professionnelle. Il s'attache à ce que ses interventions se conforment aux règles du présent Code. Dans le cadre de ses compétences professionnelles, le psychologue décide du choix et de l'application des méthodes et techniques psychologiques qu'il conçoit et met en œuvre. Il répond donc personnellement de ses choix et des conséquences directes de ses actions et avis professionnels.	**3/ Je m'en foutisme** S'il arrive quoi que ce soit, ce sera pas de la faute du psychologue mais de son inconscient – et il n'y a pas d'UV d'inconscience pour obtenir le diplôme – ou de ceux qui l'ont mal formé. Et puis d'abord, on peut toujours se tromper : ni responsable ni coupable.
4 / Probité Le psychologue a un devoir de probité dans toutes ses relations professionnelles. Ce devoir fonde l'observance des règles déontologiques et son effort continu pour affiner ses interventions, préciser ses méthodes et définir ses buts.	**4/ Vice et perversion** La lutte contre la jouissance à tromper et à faire souffrir l'autre pour lui montrer le pouvoir qu'on a sur lui, c'est vraiment dur.
5/ Qualité scientifique Les modes d'intervention choisis par le psychologue doivent pouvoir faire l'objet d'une explicitation raisonnée de leurs fondements théoriques et de leur construction. Toute évaluation ou tout résultat doit pouvoir faire l'objet d'un débat contradictoire des professionnels entre eux.	**5/ Perlimpinpin** La psychologie, c'est du vaudou placebo. La religion contemporaine portant blouse blanche, il faut liturgiser tout ça à coup de statistiques et surtout ignorer ce que raconte l'église d'à côté parce que comment faire confiance à des apostats qui n'ont pas la vraie foi.
6/ Respect du but assigné Les dispositifs méthodologiques mis en	**6/ Copyright sur le jargon**

place par le psychologue répondent aux motifs de ses interventions, et à eux seulement. Tout en construisant son intervention dans le respect du but assigné, le psychologue doit donc prendre en considération les utilisations possibles qui peuvent éventuellement en être faites par des tiers.	Le psychologue veillera à l'exclusivité de son sabir parce qu'il faudrait pas que des ignares le copient.
7/ Indépendance professionnelle Le psychologue ne peut aliéner l'indépendance nécessaire à l'exercice de sa profession sous quelque forme que ce soit.	**7/ Pot-de-vin** La faute aux impôts et au rallongement de la durée d'études des enfants. Et puis y'a des supérieurs dont le pouvoir de nuisance fiche vraiment la trouille.
CLAUSE DE CONSCIENCE Dans toutes les circonstances où le psychologue estime ne pas pouvoir respecter ces principes, il est en droit de faire jouer la clause de conscience.	L'ouverture de l'inconscient Quand on a suffisamment de pouvoir pour le faire, c'est bon de s'accorder une pause en disant « pouce je joue plus ».
TITRE II - L'EXERCICE PROFESSIONNEL CHAPITRE 1 LE TITRE DE PSYCHOLOGUE ET LA DEFINITION DE LA PROFESSION article 1 L'usage du titre de psychologue est défini par la loi n°85-772 du 25 juillet 1985 publiée au J.O. du 26 juillet 1985. Sont psychologues les personnes qui remplissent les conditions de qualification requises dans cette loi. Toute forme d'usurpation du titre est passible de	On donne aux psychothérapeutes et à tout concurrent déloyal cent mètres d'avance et on lâche les chiens.

poursuites.	
article 2 L'exercice professionnel de la psychologie requiert le titre et le statut de psychologue.	Faudra penser un jour à créer une appellation du type « docteur », « mon capitaine » ou « madame la duchesse » car, les psycholinguistes le certifieront, de la même façon que la fonction crée l'organe, un mot pose un « titre ». Pour la statue, préférer le marbre.
article 3 La mission fondamentale du psychologue est de faire reconnaître et respecter la personne dans sa dimension psychique. Son activité porte sur la composante psychique des individus, considérés isolément ou collectivement.	Comme la phrase du préambule est pas claire et qu'on en a conscience, on la répète ici parce que la méthode Coué, ça marche toujours. Et on ouvre aux groupes parce que qu'on les avait oubliés : les sociologues ne font que comprendre le collectif, il faut bien quelqu'un pour intervenir en son sein. C'est un marché après tout.
article 4 Le psychologue peut exercer différentes fonctions à titre libéral, salarié ou d'agent public. Il peut remplir différentes missions, qu'il distingue et fait distinguer, comme le conseil, l'enseignement de la psychologie, l'évaluation, l'expertise, la formation, la psychothérapie, la recherche, etc. Ces missions peuvent s'exercer dans divers secteurs professionnels.	Macédoine, couteau suisse et patchwork. Un psychologue peut tout faire. Mieux qu'un VRP multicartes !
CHAPITRE 2 LES CONDITIONS DE L'EXERCICE DE LA PROFESSION	Méthode Coué du principe de compétence. La redite suggère que c'est souvent tout l'inverse. Parce que sinon, quel sacerdoce !
article 5 Le psychologue exerce dans les domaines	Ne pas oublier non plus que ce type de déclamation sert de point de levier dans les

liés à sa qualification, laquelle s'apprécie notamment par sa formation universitaire fondamentale et appliquée de haut niveau en psychologie, par des formations spécifiques, par son expérience pratique et ses travaux de recherche. Il détermine l'indication et procède à la réalisation d'actes qui relèvent de sa compétence.	négociations salariales ou pour justifier ses honoraires.
article 6 Le psychologue fait respecter la spécificité de son exercice et son autonomie technique. Il respecte celles des autres professionnels.	Pour pas qu'on lui cherche des poux, faut pas en chercher aux autres. Chacun chez soi et tout ira bien.
article 7 Le psychologue accepte les missions qu'il estime compatibles avec ses compétences, sa technique, ses fonctions, et qui ne contreviennent ni aux dispositions du présent Code, ni aux dispositions légales en vigueur.	Méthode Coué du principe de compétence, bis. Décidément, ça doit désirer l'inverse sec !
article 8 Le fait pour un psychologue d'être lié dans son exercice professionnel par un contrat ou un statut à toute entreprise privée ou tout organisme public, ne modifie pas ses devoirs professionnels, et en particulier ses obligations concernant le secret professionnel et l'indépendance du choix de ses méthodes et de ses décisions. Il fait état du Code de Déontologie dans l'établissement de ses contrats et s'y réfère dans ses liens professionnels.	Le psychologue est un missionnaire qui prêche la bonne parole de sa bonne conduite. Il doit être son attaché de presse, son publiciste, son chargé des relations publiques. Question d'importance : pourquoi la société soupçonne-t-elle le psychologue ? Pourquoi la profession n'est-elle pas associée à cette probité responsable et sérieuse ? Simplement parce qu'elle est jeune ? Parce qu'elle est fumiste et non scientifique ? Parce que les médecins ont hérité seuls de la légitimité magique qu'ont laissée les prêtres ? Et dans cette dernière hypothèse, leur

	légitimité ne vient-elle pas de leur formation doublement caractérisée par : hypersélection et doctorat ?
article 9 Avant toute intervention, le psychologue s'assure du consentement de ceux qui le consultent ou participent à une évaluation, une recherche ou une expertise. Il les informe des modalités, des objectifs et des limites de son intervention. Les avis du psychologue peuvent concerner des dossiers ou des situations qui lui sont rapportées. Mais son évaluation ne peut porter que sur des personnes ou des situations qu'il a pu examiner lui-même. Dans toutes les situations d'évaluation, quel que soit le demandeur, le psychologue rappelle aux personnes concernées leur droit à demander une contre-évaluation. Dans les situations de recherche, il les informe de leur droit à s'en retirer à tout moment. Dans les situations d'expertise judiciaire, le psychologue traite de façon équitable avec chacune des parties et sait que sa mission a pour but d'éclairer la justice sur la question qui lui est posée et non d'apporter des preuves.	Le psychologue s'efforcera de traiter les personnes qu'il reçoit au moins aussi bien que des souris de laboratoires (on fait pas d'omelettes sans casser des œufs : la gloire tribale – et l'obtention d'un poste tranquille à la fac – ça se mérite). Face aux patients, il essayera de pas trop en dire car sinon, son pouvoir de suggestion placebo décroît. En cas de questionnement légitime, utiliser la technique efficace du retournement de la question. Comme c'est un scientifique, il est certain que 1+1=2 ça vaut sur le papier comme avec les souris mais ça ne mange pas de pain de dire que tout est relatif. Même Einstein le dit !
article 10 Le psychologue peut recevoir, à leur demande, des mineurs ou des majeurs protégés par la loi. Son intervention auprès d'eux tient compte de leur statut, de leur situation et des dispositions légales en vigueur. Lorsque la	Le psychologue qui veut recevoir des mioches, y doit se blinder parce que bon, pour leur faire avouer qu'ils veulent tuer leurs parents, autant que ceux-ci soient d'accord – et incidemment prêts à payer.

consultation pour des mineurs ou des majeurs protégés par la loi est demandée par un tiers, le psychologue requiert leur consentement éclairé, ainsi que celui des détenteurs de l'autorité parentale ou de la tutelle.	
article 11 Le psychologue n'use pas de sa position à des fins personnelles, de prosélytisme ou d'aliénation d'autrui. Il ne répond pas à la demande d'un tiers qui recherche un avantage illicite ou immoral, ou qui fait acte d'autorité abusive dans le recours à ses services. Le psychologue n'engage pas d'évaluation ou de traitement impliquant des personnes auxquelles il serait déjà personnellement lié.	Comme tout un chacun, le psychologue rêve de pouvoir, d'être le chef de meute, le gourou, l'empereur de l'univers. Il sait que la mafia, les sectes et la raison d'état, c'est sexy dans les séries américaines mais que c'est risqué. Si son meilleur ami qui vient de se faire quitter par sa femme parce qu'il a un cancer lui demande du soutien, il l'envoie chez un confrère parce qu'il faut toujours mutualiser le marché et que ce dernier renverra l'ascenseur.
article 12 Le psychologue est seul responsable de ses conclusions. Il fait état des méthodes et outils sur lesquels il les fonde, et il les présente de façon adaptée à ses différents interlocuteurs, de manière à préserver le secret professionnel. Les intéressés ont le droit d'obtenir un compte-rendu compréhensible des évaluations les concernant, quels qu'en soient les destinataires. Lorsque ces conclusions sont présentées à des tiers, elles ne répondent qu'à la question posée et ne comportent les éléments d'ordre psychologique qui les fondent que si nécessaire.	His majesty the psychologue est seul maître à bord. Et ceux qui ne sont pas contents, on les passe par-dessus bord. Il doit cependant faire des factures car sinon son comptable gueule.

article 13 Le psychologue ne peut se prévaloir de sa fonction pour cautionner un acte illégal, et son titre ne le dispense pas des obligations de la loi commune. Conformément aux dispositions de la loi pénale en matière de non assistance à personne en danger, il lui est donc fait obligation de signaler aux autorités judiciaires chargées de l'application de la Loi toute situation qu'il sait mettre en danger l'intégrité des personnes. Dans le cas particulier où ce sont des informations à caractère confidentiel qui lui indiquent des situations susceptibles de porter atteinte à l'intégrité psychique ou physique de la personne qui le consulte ou à celle d'un tiers, le psychologue évalue en conscience la conduite à tenir, en tenant compte des prescriptions légales en matière de secret professionnel et d'assistance à personne en danger. Le psychologue peut éclairer sa décision en prenant conseil auprès de collègues expérimentés.	Face à une situation où se risque le confort bourgeois, le psychologue désire faire la sourde oreille. Après tout la neurotica freudienne légitime l'idée que tout ça, c'est peut être des fantasmes. Et puis ça changerait pas grand-chose puisque leur vie est foutue et qu'on va pas risquer un procès pour diffamation pour quelque chose que les gendarmes ne pourront pas prouver. Donc penser aux trois singes chinois symboles de la confidentialité psychologique : rien vu, rien entendu, rien dit. Si ça chauffe trop, mouiller d'autres collègues.
article 14 Les documents émanant d'un psychologue (attestation, bilan, certificat, courrier, rapport, etc.) portent son nom l'identification de sa fonction ainsi que ses coordonnées professionnelles, sa signature et la mention précise du destinataire. Le psychologue n'accepte pas que d'autres que lui-même modifient, signent ou annulent les documents	Méthode coué régalienne : le psy est le seul chef à bord. Parce qu'il a bon goût, il sait qu'un ex-libris, ça fait plus chic qu'un vulgaire tampon encreur.

relevant de son activité professionnelle. Il n'accepte pas que ses comptes-rendus soient transmis sans son accord explicite, et il fait respecter la confidentialité de son courrier.	
article 15 Le psychologue dispose sur le lieu de son exercice professionnel d'une installation convenable, de locaux adéquats pour permettre le respect du secret professionnel, et de moyens techniques suffisants en rapport avec la nature de ses actes professionnels et des personnes qui le consultent.	Le psy, c'est pas un clodo et ça défalque ses frais kilométriques sur sa feuille d'impôt. Sans compter que le formica gris des services publics, y'en a marre : un budget Ikéa, ce serait pas du luxe.
article 16 Dans le cas où le psychologue est empêché de poursuivre son intervention, il prend les mesures appropriées pour que la continuité de son action professionnelle soit assurée par un collègue avec l'accord des personnes concernées, et sous réserve que cette nouvelle intervention soit fondée et déontologiquement possible.	L'avantage de cette question quand tu meurs accidentellement, c'est que c'est aux survivants de la gérer. Sinon, t'envoie chez un copain dont tu sais qu'il sera d'accord avec toi pour reconnaître qu'il s'agit d'un cas impossible et qu'on ne peut rien pour lui.
CHAPITRE 3 LES MODALITES TECHNIQUES DE L'EXERCICE PROFESSIONNEL article 17 La pratique du psychologue ne se réduit pas aux méthodes et aux techniques qu'il met en œuvre. Elle est indissociable d'une appréciation critique et d'une mise en perspective théorique de ces techniques.	Technique simple : froncer les sourcils (éventuellement déchausser ses lunettes, se pincer la base du nez), prendre un air inspiré, faire « hmm, hmm » et prier pour que l'autre soit dupe. Faut être réaliste : un pizzaiolo, ça n'a pas besoin de savoir faire des sushis pour servir des calzones.

article 18. Les techniques utilisées par le psychologue pour l'évaluation, à des fins directes de diagnostic, d'orientation ou de sélection, doivent avoir été scientifiquement, validées.	Se rassurer : l'établissement de la norme permettant de savoir comment valider scientifiquement une validation scientifique est toujours en cours de validation scientifique. Les cohortes se succèdent et la caravane passe.
article 19 Le psychologue est averti du caractère relatif de ses évaluations et interprétations. Il ne tire pas de conclusions réductrices ou définitives sur les aptitudes ou la personnalité des individus, notamment lorsque ces conclusions peuvent avoir une influence directe sur leur existence.	Toujours se ménager une issue de secours pour se défausser en cas de besoin. « C'est pas ma faute : c'est scientifique donc relatif, même Heisenberg est incertain ! ».
article 20 Le psychologue connaît les dispositions légales et réglementaires issues de la loi du 6 janvier 1978 relative à l'informatique, aux fichiers et aux libertés. En conséquence. il recueille, traite. classe, archive et conserve les informations et données afférentes à son activité selon les dispositions en vigueur. Lorsque ces données sont utilisées à des fins d'enseignement, de recherche, de publication ou de communication, elles sont impérativement traitées dans le respect absolu de l'anonymat, par la suppression de tout élément permettant l'identification directe ou indirecte des personnes concernées, ceci toujours en conformité avec les dispositions légales concernant les informations nominatives.	C'est toujours un grand plaisir, comme le chef de service d'un réseau d'espion, de donner des noms de code aux personnes qu'on instrumentalise pour se faire mousser. Exemple : renommer votre jeune patiente Antigone « Nikita », ça rend votre article plus agréable à lire. Si votre ordinateur est connecté à Internet en permanence, vous avez tout intérêt à blinder votre firewall et votre antivirus pour ne pas qu'un troyen spame vos fichiers de compte-rendu à tous vos correspondants. Surtout si l'un d'entre eux est un consultant. Surtout si le message en question vérole sa machine…

CHAPITRE 4 LES DEVOIRS DU PSYCHOLOGUE ENVERS SES COLLEGUES article 21 Le psychologue soutient ses collègues dans l'exercice de leur profession et dans l'application et la défense du présent Code. Il répond favorablement à leurs demandes de conseil et les aide dans les situations difficiles, notamment en contribuant à la résolution des problèmes déontologiques.	Le psychologue est bon. Il est bienveillant. Bien sûr, s'il y a un problème qui nécessite qu'il prenne du temps sur son week-end, c'est autre chose mais soigner ses relations publiques, c'est soigner sa réputation et son réseau de prescripteurs. Et puis de cette façon, on mutualise la responsabilité, ça peut permettre de la diluer.
article 22 Le psychologue respecte les conceptions et les pratiques de ses collègues pour autant qu'elles ne contreviennent pas aux principes généraux du présent Code ; ceci n'exclut pas la critique fondée.	L'autre est toujours moins bon que soi. Sinon on s'efforcerait d'être l'autre. Mais tant qu'il ne vient pas sur nos platebandes, on peut ignorer sa bêtise.
article 23 Le psychologue ne concurrence pas abusivement ses collègues et fait appel à eux s'il estime qu'ils sont plus à même que lui de répondre à une demande.	Y'a pas de raison qu'un marché juteux soit trusté en monopole. Toute entreprise, c'est Dallas. Soyez prêt à être JR, not Bobby.
article 24 Lorsque le psychologue remplit une mission d'audit ou d'expertise vis-à-vis de collègues ou d'institutions, il le fait dans le respect des exigences de sa déontologie.	Encaisser ce qu'il y a à prendre mais pas mouiller les confrères. Un membre du clan, c'est un membre du clan.
CHAPITRE 5 LE PSYCHOLOGUE ET LA	Le public aime les psychologues comme il aime les astrologues. Statistiquement, Jean-Luc Delarue

DIFFUSION DE LA PSYCHOLOGIE article 25 Le psychologue a une responsabilité dans la diffusion de la psychologie auprès du public et des médias. Il fait de la psychologie et de ses applications une présentation en accord avec les règles déontologiques de la profession. Il use de son droit de rectification pour contribuer au sérieux des informations communiquées au public.	et le Loft font vendre plus que France-Culture.
article 26 Le psychologue n'entre pas dans le détail des méthodes et techniques psychologiques qu'il présente au public, et il l'informe des dangers potentiels d'une utilisation incontrôlée de ces techniques.	Les magiciens ne dévoilent pas leurs trucs. Les magiciens non syndiqués sont des escrocs.
TITRE III- LA FORMATION DU PSYCHOLOGUE CHAPITRE 1 LES PRINCIPES DE LA FORMATION article 27 L'enseignement de la psychologie à destination des futurs psychologues respecte les règles déontologiques du présent Code. En conséquence, les institutions de formation : - diffusent le Code de Déontologie des Psychologues aux étudiants dès le début	Cette partie du code est vouée uniquement à faire rire les étudiants en psychologie : l'humour est la meilleure des défenses contre l'arbitraire, les fiefs pervers, l'absurdité kafkaïenne, la perte de temps.

des études, - s'assurent de l'existence de conditions permettant que se développe la réflexion sur les questions d'éthique liées aux différentes pratiques : enseignement et formation, pratique professionnelle, recherche.	
article 28 L'enseignement présente les différents champs d'étude de la psychologie, ainsi que la pluralité des cadres théoriques, des méthodes et des pratiques, dans un souci de mise en perspective et de confrontation critique. Il bannit nécessairement l'endoctrinement et le sectarisme.	Les universitaires se chargent de régler ce problème en amont au moment du recrutement de leurs collègues. Selon la faculté, vous aurez toujours le droit à un unique et spécifique discours majoritaire qui vous formera à coup d'évidence à mépriser les autres discours. L'objectif étant le diplôme, l'étudiant acquiescera.
article 29 L'enseignement de la psychologie fait une place aux disciplines qui contribuent à la connaissance de l'homme et au respect de ses droits, afin de préparer les étudiants à aborder les questions liées à leur futur exercice dans le respect des connaissances disponibles et des valeurs éthiques.	Le petit pourcentage d'étudiants masculins demande depuis longtemps que soit faite une place aux disciplines qui contribuent à la connaissance de la femme.
CHAPITRE 2 CONCEPTION DE LA FORMATION article 30 Le psychologue enseignant la psychologie ne participe pas à des formations n'offrant pas de garanties sur le sérieux des finalités et des moyens. Les enseignements de psychologie destinés à la formation continue des psychologues ne peuvent	Si les frais de déplacement première classe, d'hébergement trois étoiles et de restauration gastronomique ne sont pas couverts, inutile d'y songer.

concerner que des personnes ayant le titre de psychologue. Les enseignements de psychologie destinés à la formation de professionnels non psychologues observent les mêmes règles déontologiques que celles énoncées aux articles 27, 28 et 32 du présent Code.	
article 31 Le psychologue enseignant la psychologie veille à ce que ses pratiques, de même que les exigences universitaires (mémoires de recherche, stages professionnels, recrutement de sujets. etc.), soient compatibles avec la déontologie professionnelle. Il traite les informations concernant les étudiants acquises à l'occasion des activités d'enseignement, de formation ou de stage, dans le respect des articles du Code concernant les personnes.	L'universitaire doit se souvenir de ne pas oublier que « ah oui, c'est vrai », il est psychologue. Mais bon, psychologue avant d'être prof ou prof avant d'être psychologue ? Il négociera l'obtention d'un bon placard fermé à clé pour les mémoires que personne ne lit et pour lesquels il aura passé un accord d'apport d'affaires avec le magasin de reproduction du coin.
article 32 Il est enseigné aux étudiants que les procédures psychologiques concernant l'évaluation des individus et des groupes requièrent la plus grande rigueur scientifique et éthique dans leur maniement (prudence, vérification) et leur utilisation (secret professionnel et devoir de réserve), et que les présentations de cas se font dans le respect de la liberté de consentir ou de refuser, de la dignité et du bien-être des personnes présentées.	Il ne faut pas se priver de l'effet de ce sermon là, qui provoque toujours une suspension religieuse baignée d'effroi chez les Deugs et qui fait encore briller les yeux des aspirantes trop sages pour obtenir une des rares places de troisième cycle qui leur donneraient droit au titre.
article 33 Les psychologues qui encadrent les	Le maître de stage est un gourou qui montre à ses poussins ce qu'est la vraie vie. Parfois ça fout les j'tons. Parfois on rigole bien. Le plus souvent, ça

stages, à l'Université et sur le terrain, veillent à ce que les stagiaires appliquent les dispositions du Code, notamment celles qui portent sur la confidentialité, le secret professionnel, le consentement éclairé. Ils s'opposent à ce que les stagiaires soient employés comme des professionnels non rémunérés. Ils ont pour mission de former professionnellement les étudiants, et non d'intervenir sur leur personnalité.	fout les j'tons.
article 34 Conformément aux dispositions légales, le psychologue enseignant la psychologie n'accepte aucune rémunération de la part d'une personne qui a droit à ses services au titre de sa fonction universitaire. Il n'exige pas des étudiants qu'ils suivent des formations extra-universitaires payantes ou non. pour l'obtention de leur diplôme. Il ne tient pas les étudiants pour des patients ou des clients. Il n'exige pas leur participation gratuite ou non, à ses autres activités, lorsqu'elles ne font pas explicitement partie du programme de formation dans lequel sont engagés les étudiants.	L'enseignant utilisera à titre de compensation les ressources que les services publics mettent à sa disposition pour organiser des formations continues non obligatoires qui lui permettront de financer le remboursement de sa résidence secondaire.
article 35 La validation des connaissances acquises au cours de la formation initiale se fait selon des modalités officielles. Elle porte sur les disciplines enseignées à l'Université, sur les capacités critiques et d'auto-évaluation des candidats, et elle requiert la référence aux exigences éthiques et aux règles déontologiques des	Personne ne dira rien quand il est évident que des épreuves qui ne servent à rien et dont le contenu pédagogique est vieux de plusieurs décennies permettent sans trop d'effort d'obtenir des moyennes permettant d'envisager de postuler pour un troisième cycle. Il n'est pas toujours nécessaire de coucher (ou de faire miroiter que c'est possible) mais la déférence mielleuse, l'entregent et

psychologues.	l'avalage de couleuvres seront obligatoires pour imaginer pouvoir être diplômé.

L'envers du code

Mais y'a l'endroit aussi !

FUGUER

« L'être humain est structuré comme une fugue »

Version 0.9 (1995), Version 2.0 (été 2005)

Pourquoi la fugue musicale suscite-t-elle de la joie ? Sa forme entre-t-elle en résonnance avec une autre forme plus générale dont nous ferions constamment l'expérience ? Pourquoi cette forme spécifique, la variation polyphonique harmonieuse (et toute variation est *imitation*), procure-t-elle autant de plaisir ?

Un après-midi, en passant rapidement d'une piste à l'autre sur le *Clavier Bien Tempéré* et avec à l'esprit les rémanences de ma lecture en cours d'une homélie lacanienne, une coïncidence de formes s'est imposée à moi.

Si l'être humain est un feuilleté d'instances, de désirs souvent contradictoires mais pourtant synchroniques dont le résultat produit un comportement, une humeur, alors l'analogie avec la fugue est fascinante : suivre une fugue, c'est visualiser-entendre les instances-voix, les désirs-voix qui, se superposant sur la portée du temps, produisent une tonalité d'émotions.

Aphorisme : *l'être humain est structuré comme une fugue*

Poursuivons l'analogie, l'anamorphie, comme si à l'écoute de deux voix du contrepoint du monde, nous commencions à repérer ce qu'elles partagent.

La fugue humaine, c'est ce flux psychique permanent qui tresse et tisse des désirs, représentations, affects, instances, registres, à des niveaux différents, en deçà de la synthèse limitée par un empan réduit qui apparaît à notre conscience. Ces niveaux empilés s'accordent souvent harmonieusement. Mais il arrive parfois qu'ils servent des objectifs, des fonctions contradictoires : la dissonance est alors là qui peut s'aigrir en symptôme.

Le point important, c'est que, quelle que soit leur euphonie, l'empilement aboutit toujours à *un* comportement, à *un* état. La Fugue, c'est cela : un empilement de voix dont certaines travaillent en sous-main, sans que nous puissions les suivre bien qu'on puisse être attentif à leur présence et qui, collectivement, s'assemblent pour créer *une* musique.

On pourrait objecter que toutes les musiques ne sont pas contrapunctiques et citer les monodies : les suites pour violoncelle, Thelonius Monk au piano solo, ça ne ressemble pas à du feuilleté mais bien à de la crème.

Première réponse, simple : l'impact de ces monodies est lié pourtant à leur profondeur, leur capacité à créer, à refléter une épaisseur, quelque chose comme une fugue à une voix.

Deuxième réponse : ce type de musique pourrait illustrer la concordance, la coïncidence de toutes les voix, comme si les calques se superposaient, donnant le sentiment qu'il n'existe qu'un unique calque : un contrepoint transparent.

La troisième réponse requiert d'être capable d'identifier ce dont nous faisons l'expérience naturelle plusieurs fois par jour et que les hypnotistes, désespérant de trouver un jour un bon terme, nomment, faute de mieux, « Etat Modifié de Conscience ».

Quand on fait l'expérience d'une transe légère, on ressent la monodie, on ressent le morphing plastique continu des formes qui s'engendrent et s'activent par association, exactement comme dans les musiques à l'instant évoquées. Cela est rendu possible par la mise en veille temporaire des ressources attentionnelles de haut niveau dont nous avons besoin pour organiser notre rapport au réel. Le fonctionnement synthétique mais lent de ce haut niveau laisse de côté des représentations et états produits par des processus de bas niveau, dont la rapidité et le nombre satureraient sinon notre empan attentionnel. L'Etat Modifié de Conscience n'est pas une expérience de la multiplicité. C'est l'expérience de la mise en forme monodique d'une multiplicité inconsciente par le biais d'un vocabulaire de la perception, le VAKOG de la PNL. Un peu comme si, pour certaines représentations trop complexes ou trop antagonistes à des fonctions de régulation supérieure, le contrepoint n'était pas possible : tous les thèmes ne sont pas fuguables et au-delà de six voix, ce n'est peut-être plus possible. Alors la monodie est-elle un « Etat Modifié de Fugue » et la fugue est-elle une martingale anthropologique ?

Il faut manifestement se méfier du piège de la trivialité : tout être, de l'atome au livre II du *Clavier Bien Tempéré*, est composé d'entités plus élémentaires. Crier « *Euréka, tout est fugue* » plutôt que « *tout est composé* », c'est simplement remplacer un signifiant par un autre. Pourtant, certains réseaux sémantiques éclairent, rayonnent plus que d'autres, et la fugue a pour moi cette saveur heuristique.

L'analogie entre fugue et structuration topique de la psyché peut aussi s'appliquer à la peinture : un tableau est un agencement de formes, souvent instanciées par la perspective, variant ou illustrant une scène, une émotion, et dont la combinaison simultanée produit *un* tableau. En sus de l'identification projective avec une thématique, en sus de l'empathie spécifique avec une tonalité émotionnelle, un tableau ne plaît-il pas parce que la structuration de ses éléments, son feuilletage spécifique, renvoie à la structure des instances de la psyché qui le contemple ?

Et cette hypothèse convient tout autant à la littérature. Les personnages et le décor ne sont-ils pas les voix d'un contrepoint dont l'histoire est le thème ?

Alors : entendez-vous le thème ? Percevez-vous la forme ? Et saurez-vous, en psy, réaccorder la musique ?

Dialogue avec Yanik Lefort sur la Musique

Juillet 2004 – décembre 2004

Yanik Lefort, violoncelliste et professeur de musique, m'a envoyé au début de l'été 2004 un mail commentant un vieux texte réécrit pour ce recueil : « Instances de Bach et d'Ella : l'être humain est structuré comme une fugue ».

Puisqu'il m'interpellait sur des questions de fond, je lui ai proposé de poursuivre notre échange sur mon wiki.

Sur une définition de la fugue

02 juillet 2003 : Yanik Lefort

La fugue n'utilise qu'une des plus vieilles techniques de la musique écrite (orale, aussi, d'ailleurs) : l'imitation. Or imiter par l'écrit permet bien des artifices qui ne s'entendent pas toujours (mouvements contraires, rétrogradations, augmentations, diminution, et autres tricotages) mais ajoutent un rien de cohérence. En gros, dans une fugue, on peut dire que le canon n'est pas exact mais que la voix qui rentre en deuxième soit copie le petit thème à l'identique, soit le modifie légèrement (c'est la « mutation »), mais le joue transposé soit au relatif (disons pour simplifier, à la tierce) soit à la dominante (disons pour simplifier à la quinte supérieure ou à la quarte inférieure) pour qu'il reste bien en harmonie avec la pièce (en gros, c'est une translation de vecteur une tierce ou une quinte). Au moment où la deuxième voix rentre, celle rentrée en premier joue un nouveau thème (sujet) d'accompagnement qui a la particularité de s'emboîter parfaitement au-dessus ou au-dessous dudit thème, c'est ce qu'on appelle du contrepoint «renversable » La difficulté réside bien entendu en ce que plus il y a de voix en présence, plus le respect de la règle du renversable devient compliquée. Quand un compositeur se lance dans la construction d'une usine à gaz pareille, on ne peut que lui souhaiter de maîtriser la situation. Lorsque c'est la cas, par exemple Mozart dans le Final de la Symphonie dite « Jupiter », le « renversable » à 5 voix devient renversant, mais cela est une interprétation personnelle.

Par delà ces règles, l'aspect historique vient un peu contrecarrer la démonstration. La fugue est apparue à partir du ricercare. Mais tous deux n'avaient pas cette connotation structurelle que nous lui donnons aujourd'hui. Pour retrouver le sens de ce mot au 18e, il faudrait oublier tous les concepts formels de l'école française qui ont collé sur les mots « fugue », « invention » et « ricercare » des notions de formes strictes. Le terme « Ricercare » fait référence à la rhétorique. C'est un des synonymes de Invention, Fantaisie, etc. Mais c'est aussi la pièce que les musiciens improvisaient quand on les recevait dans une place remarquable (plusieurs exemples dans l'histoire de la musique écrite occidentale ; lire à ce propos Maugars : « response faite à un curieux » de 1639. Edition GKC à Lille). Celui-ci, musicien français en disgrâce à Paris, va faire une tournée en

Italie et à son retour il raconte comment il a été reçu. On y voit que tout commence par une de ces pièces, c'est là qu'on le juge et que les choses se décident. En bref, il faudrait faire l'épistémologie de la notion de fugue. Je ne l'ai pas fait : honte à moi, donc, de vous le suggérer !

09 juillet 2003 : Stéphane Barbery

Cher Yanik, merci pour ces précisions précieuses. Vous devriez amender avec votre texte l'article Fugue de Wikipedia. Comme vous l'avez compris, je suis musicalement illettré. C'est la lecture de Glenn Gould (soupoudré discontinuement du *Gödel, Escher, Bach* de Hofstadter) puis les scats de Ella sur Duke Ellington qui m'ont permis d'apercevoir la structure, la forme, les couleurs du tapis contre-tissé. Savoir « comment » entendre produit un brutal et jubilatoire effet de zoom arrière. Un changement d'échelle qui fait peut-être écho à l'une des révolutions de notre enfance : lorsque la ligne de nos yeux émerge du dessous de la table. Savoir percevoir, « ah ah ! », puis jouissance.

J'ai eu ce même type de révélation en peinture devant les Rubens du musée royal de Bruxelles. Percevoir, cette fois, non plus l'architecture, mais les vecteurs, la force, l'étreinte. Savoir percevoir, « ah ! », puis jouissance.

Il me semble que toute la discussion autour des connaissances nécessaires à l'appréciation de la fugue ou de l'art contemporain revient à circonscrire ce que les neurosciences les plus actuelles ne font qu'esquisser : le traitement modulaire spécifique de l'affect et de la représentation sur la base d'un horizon tabou pour la culture occidentale, celui de la transe (je laisserai de côté ici la question de la nature de celle-ci, script social ou quatrième état physiologique).

Je pose que l'art a pour objet l'expression la plus parfaite d'un affect. Il s'agit là d'une vieille idée à laquelle je tiens.

Mon travail de réflexion récent sur l'hypnose me conduit à rajouter :

L'art, qui se produit par la transe (- ce en quoi Valéry n'est pas Saint-John-Perse -), doit induire la transe (le mot n'est pas bon, mais état modifié de conscience n'est pas meilleur).

J'anticipe un lien étroit entre transe et traitement modulaire neuronal spécifique de l'affect. Nous sommes encore dans les limbes du limbique.

A cette anatomo-psychologie, il faut en effet rajouter un versant sociologique.

L'être humain est un primate hiérarchique. L'essentiel de ses activités sociales consiste à produire des signaux permettant de se situer sur l'échelle de valeur de son groupe et à évaluer les signaux alentours.

Boucle sysyphistique : l'humain s'apprécie en s'appréciant.

Sauf qu'on ne contrôle pas la transe. Le savoir, l'abstraction, assurément. Mais pas ce lieu de certitude, d'authenticité, d'où rayonne, où résonne l'affect.

Aujourd'hui, l'art constituant comme les fortes poitrines un signe extérieur d'opulence, l'affect sera revoilé, survoilé, détourné.

Dans les musées actuels, c'est devant le dos du tableau que l'on vient chercher son sacrement de classe. En singe, on singe.

Mais le social nous donne une autre piste : si je conserve mon intuition de la fugue comme métaphore de la synchronisation de notre fonctionnement multitâche, il faut aussi envisager que le contrepoint reflète notre fonctionnement tribal, nos modulations d'items d'un réseau d'agents.

Ce n'est pas pour rien que les sociopsychologues tentent de formaliser ce processus en parlant de « dissonnance » cognitive.

Le « canard » fait vraiment un bruit affreux. Surtout dans un environnement de chants d'oiseaux siffleurs.

L'imitation que vous évoquez comme forme élémentaire de la fugue, la variation sur un thème, comme une discussion amicale (ou simplement phatique sur le temps qu'il fait), n'est-elle alors pas aussi le symbole de notre contrainte tribale à la consonance ?

Ce que vous évoquez de l'histoire du ricercare permet d'ailleurs de nouer les deux fils précédents : un chef, c'est celui qui se conforme aux normes de la tribu mais qui, simultanément, montre son pouvoir, sa maîtrise, sa « iberté » en transformant, en se riant, de ses contraintes. D'où la valeur de cote de l'impro. Impossible d'échapper à la pyramide sociale.

Il me semble que seule la transe permet de se placer sur l'agrès où l'on fera la nique à l'apesanteur : certains choisissent les anneaux. D'autres, la poutre...

Sur les analogies

02 juillet 2003 : Yanik Lefort

Ce que vous dites ensuite sur l'analogie de la fugue avec les instances inconscientes, le mille-feuille de désirs et de représentations, me parle davantage que votre vulgarisation un peu sinueuse. Mais là, je sors de mes plates-bandes. Les analogies sont, je le concède facilement, une excellente manière de faire fonctionner la pensée. On a beaucoup reproché à Lacan d'utiliser des concepts scientifiques sans les comprendre. Il est évident qu'il ne devait pas (bien qu'un peu plus que moi, cependant) saisir grand-chose aux concepts de la relativité générale. Ça ne me gêne pas outre mesure. Si ces analogies, fussent-elles le fruit de monstrueux contresens scientifiques sur des domaines hyperspécialisés, lui ont permis de pousser la réflexion psychanalytique, le prétexte devient futile et la querelle par conséquent sans fondement. Mes remarques sur votre vulgarisation de la fugue ne sont donc que très en marge, très anecdotiques, et finalement, pas très sérieuses.

09 juillet 2003 : Stéphane Barbery

Lacan, c'est la scolastique musicale contemporaine des psys. De l'atonal qui rend sourd. L'ignorance et le mépris, chrétien, de l'affect.

(Métaphore possible entre l'analogique et le digital : le son des vinyls et celui des cds).

Peut-on sortir du quid pro quo ? La musique n'est-elle pas, elle aussi, une analogie ?

Sur la musique contemporaine

02 juillet 2003 : Yanik Lefort

Plus loin quand vous dites dans une jolie envolée lyrique de dix-neuviémiste croyant à ses objets, à son objet-musique « *Peut-être le plaisir de la musique vient-il du fait que celle-ci est harmonieuse, quelle que soit la tonalité émotionnelle (joyeuse ou triste) dans laquelle cette harmonie s'exprime. Cela expliquerait sans doute aussi pourquoi j'ai tant de mal à écouter la musique "pathologique" [;-)] contemporaine, rationalisante et conflictuelle* », j'apprécie beaucoup le smiley coincé en note herméneutique. Si vous avez suivi des études musicales en conservatoire, voire à l'université, il est peu étonnant que vous ayez développé ces représentations (Lire à ce sujet Hennion Antoine, *Comment la musique vient aux enfants. Une anthropologie de l'enseignement musical*, Paris, 1988, Anthropos, et : Hennion Antoine, Martinat Françoise, Vignolle Jean-Pierre, *Les conservatoires et leurs élèves*, Paris, 1983, La Documentation française). La musique contemporaine (classique) est, entre autres, une musique « scolaire », une invention scolaire de la discipline instrumentale (au sens de Michel Foucault) et du partage disciplinaire des lisants (les interprètes-exécutants) et des écrivants (compositeurs) et d'un petit système (caricaturé ici, car c'est un morceau de culture humaine, donc heureusement complexe), des uns pour rendre les corps des autres plus dociles. La musique contemporaine est aussi une musique institutionnelle (scolaire, c'est presque pareil) qui utilise l'argent public (Cf. Menger Pierre-Michel, *Le paradoxe du musicien*, Paris, L'Harmattan, 2001) pour une musique hermétique qui, malgré ses déguisements de vulgarisation maintient au sommet de la hiérarchie apparemment si nécessaires aux humain, une caste issue d'une autre caste plus grande, celle d'une « société des musiciens ». La musique « contemposcolaire » est aussi celle qu'on impose aux examens, après avoir acculturé les élèves par des pièces tonales et en ne leur donnant aucunement les clés de leur art. Ni épistémologie en actes, ni écriture, ne viennent à la rescousse d'une formation parcellisée, « panoptisée » comme d'ailleurs bien d'autres formations dans d'autres domaines. C'est une vision très empreinte d'une idée du romantisme fabriquée à l'aube du XXème siècle qui façonne nos relations à l'art et aux apprentissages artistiques, teintée aussi d'une idée kandinskienne, celle du triangle qui monte au sommet duquel se trouve l'artiste, esseulé par son génie, et peut-être également sous-tendue de l'idée kantienne du temps historique orienté comme la flèche du progrès, fortement battue en brèche par les aventures post-modernes. Il y a bien des lectures là-dessus. Je suis un peu confus d'en tenter-là un maladroit résumé. Ce que je puis dire dans un élan de victimisation bien consciente, c'est qu'elles n'intéressent guère ma profession, fortement structurée - et c'est bien normal - autour de la croyance en ses objets, mais bien peu professionnalisée.

09 juillet 2003 : Stéphane Barbery

Merci pour cette microsociologie pyramidale que l'on pourrait étendre à l'ensemble des arts de notre temps.

Le désenchantement du monde a interrompu les transes. Il s'agit juste d'y retourner.

Sur la fugue, l'entrée en transe et la dissolution

29 novembre 2004 : Stéphane Barbery

Il m'a fallu très longtemps pour ne plus entendre la machine à coudre en lieu et place du génie de Bach.

Il m'a fallu - rien de moins - lire Gould et comprendre intellectuellement là où il fallait entendre.

Il m'a fallu encore un peu de temps pour comprendre que la force de la fugue tenait pour moi à ce qu'elle est une métaphore du flux psychique, par nature polyphonique.

Pour qui joue, il faut ajouter à cela la dynamique tribale, celle de sa place dans la fratrie, dans la tribu, avec tout le registre ambivalent de la dissolution de soi dans la foule. Et l'extraordinaire jouissance de cette dissolution - surtout quand elle fait résonner la lignée (musique traditionnelle).

Or, le sujet occidental pseudo-moderne, c'est un sujet qui refuse la dissolution. C'est la tribu qui doit être intériorisée en lui et non l'inverse.

D'où cette incompréhension ethnique entre ceux qui jouissent de l'infini polyphonique en eux, et ceux qui jouissent de l'éternité tribale dans la musique.

Bah, ce qui importe pour les deux, c'est la note juste.

Je ne connais pas Goody.

Je sens juste qu'un scat d'Ella ne peut être écrit.

Et j'imagine une scène où le vieux Bach déambule entre plusieurs claviers pour improviser ce qui donnera *l'Offrande Musicale*. L'écriture vient après. Question abyssale : à qui la plus grande jouissance ? Bach improvisant ? Les auditeurs de ses improvisations impromptues ? Bach écrivant l'offrande ? Les auditeurs de l'offrande écrite ?

Ne pas oublier que l'écriture musicale forme le musicien occidental à un rôle d'exécutant - aussi talentueux soit-il. Sans stimuler sa création. Voir le destin de Gould.

On ne remerciera jamais assez le jazz.

Sur le prix à payer

19 décembre 2004 , Yanik Lefort

Je ne crois pas à la vieille croyance malrussienne d'une spontanéité du rapport à l'art. L'art n'existe qu'au travers de médiations et de contextes. C'est bien cela qui froisse les gardiens du temple.

21 décembre 2004 , Stéphane Barbery

Je ne suis pas d'accord sur la conséquence implicite que tu tires de cela : une conséquence protestante de l'effort et du prix de la révélation. Trouver la porte ne demande pas d'effort. Ce n'est pas une porte secrète ni dérobée. Ça requiert juste la bonne décentration. Comme la deuxième énigme finale du troisième Indiana Jones.

Sur la dissolution occidentale

29 novembre 2004 , Stéphane Barbery

Or, le sujet occidental pseudo-moderne, c'est un sujet qui refuse la dissolution.

19 décembre 2004 , Yanik Lefort

Je trouve que l'on se dissout un peu tout de même, lorsque l'on va au fest noz (en Bretagne), lorsque l'on va en boîte ou à un concert à la mode, ou bien encore lorsqu'on est « distingué » et que l'on fait de l'orchestre.

21 décembre 2004 , Stéphane Barbery

Pour la fest noz, c'est là la clé de l'adjectif « traditionnel » (pré-« moderne »). Pour la transe type rave ou boîte, c'est là la clé de son adjectif « décadent ».

Et si le musicien distingué ressent cette dissolution, c'est précisément pour l'éviter au bourgeois qui l'écoute et à qui elle rappelle trop la foule et ses débordements politiques révolutionnaires (ou non respectueux de tous les niveaux de la hiérarchie pyramidale établie). C'est un sentiment de puissance à l'Attila que l'on ressent itou quand on marche au pas et en chantant pendant ses classes à l'armée.

Sur la note juste

19 décembre 2004 , Yanik Lefort

Là aussi, il y aurait beaucoup à dire. Demande à un baroqueux spécialiste du tempérament Zarlino de parler de la « note juste » avec un musicien classique d'orchestre…

21 décembre 2004 , Stéphane Barbery

La note juste, c'est celle du cœur, authentique, non intellectualisée. Mais le cœur peut résonner à l'absolue perfection d'une métaphore musicale de son rapport défensif au monde [Wagner n'est pas Satie…]. Il est cependant facile de jauger à l'aulne du conatus spinoziste la valeur des différentes joies. On reconnaît tout de suite les joies pauvres et aigries et les joies solaires.

JOUER

Frags de Petits Chats et Hypnose à la Ska

2 mars 2005 : [05:14 pm]

Sur une liste pour psychologues, Yann Leroux sollicite notre avis sur le travail du je dans les jeux vidéos.

Il y a un côté exercice de style à tenter d'appliquer une grille de lecture monothématique freudienne à une expérience sur laquelle, au fond, hors trivialités de bon sens, elle n'a rien à dire.
Un peu comme si, après avoir découvert le concept de triangle, on tentait de réduire l'organisation des étoiles visibles lors d'une nuit d'été à cette seule structure.
La littérature psy est une littérature oulipienne.

Depuis que j'ai découvert le go, les jeux vidéo m'apparaissent bien ternes. Mais si je devais rendre compte de mon expérience de *gamer*, deux grilles me semblent pertinentes : l'evopsy et la transe (mes triangles du moment).

1) Evopsy : 90% des jeux vidéo actuels fonctionnent sur le registre de la prédation ou de la chasse en meute. Dans le monde animal, le jeu sert à acquérir et entraîner des compétences de traque et de défense. Qui n'a pas pris un plaisir pur et « bête » à voir jouer des petits chats, à jouer avec son chat ?

Le succès des jeux vidéo est peut-être simplement le témoignage d'un monde où l'homme ne chasse plus.

Un câblage neurologique vieux de 100 000 ans nous pousse juste à trouver des substituts à un environnement qui n'existe plus depuis 5000 ans (ou depuis 50 ans, selon l'échelle de zoom utilisée).

Dans le registre de cette grille, un autre élément d'importance : la possibilité de faire l'expérience, même simulée, de mondes ou d'activités propres au sommet de la hiérarchie des pouvoirs humains (être chef, roi du monde). Pour exhiber aux autres la primauté de ses gènes. Et l'urgence de les transmettre. D'où le combo logique d'un célibataire mâle : vidéo+porno ou encore, crack&pass.

Résumons : nous jouons parce que nous sommes hétérotrophes : les algues et les champignons n'ont pas de FPS.

2) Transe : c'est moins le rêve (typiquement freudien) que la transe (ericksonienne) qui prime dans l'expérience du jeu vidéo : distorsion temporelle, saturation perceptuelle, et moins renforcement du moi qu'évanescence contrôlée de celui-ci dans des processus automatiques permettant d'être cognitivement plus efficace. D'où l'importance des déclencheurs d'induction que sont les musiques et les sons spécifiques d'un jeu.

On plonge souvent dans un jeu comme dans un anxiolytique ou un euphorisant. Pour oublier un quotidien frustrant, insatisfaisant, triste.

Conséquence : les psys doivent devenir créateurs de jeux thérapeutiques. De jeux dont la transe stimule l'autonomie et la création. Comme dans *La Stratégie Ender* d'Orson Scott Card.

Le go comme modèle psy

Eté 2005

Pour sauver son jour et remplir de joie radieuse, de stupéfaction intellectuelle et d'émulation partagée les années qui viennent, connectez-vous au net et passez deux heures à assimiler les cinq règles simples du jeu de go. Autre option : dévorez les premiers tomes de *Hikaru No Go*.

En séance, les psys jouent avec les enfants parce que les enfants parlent par leur jeu. Le psy apprend donc à parler en jouant, à écouter la petite musique des jeux, les métaphores qu'ils inscrivent, les idéaux et les fantasmes qu'ils actualisent, la logique de classe qu'ils pérennisent.

Un jeu où l'on déplace, à l'Attila, sa meute pour tuer le roi adverse, ça l'intrigue.
Un jeu où son calcul conduit son partenaire à faire le mort, ça le surprend.
Un jeu où l'on gagne par le bluff et la duplicité, ça l'inquiète.

Alors quand il rencontre un jeu où le but est de *construire* du territoire, un jeu esthétiquement magnifique où le plaisir ne s'obtient pas dans le triomphe mais par le partage respectueux, ferme et équilibré, le psy qui joue avec les enfants s'arrête.

Dès les premières parties, le go apparaît, pour le débutant que je suis, comme une réserve quasi-infinie de métaphores cliniques.

Bonne forme, mauvaise forme

Au go il est donc question de « bonne forme » et de « mauvaise forme ».

En thérapie aussi, il est question de bonne ou de mauvaise forme. De bonne forme psychique comme on parlerait de bonne forme physique. Et de bonnes formes comme gestalts : représentations ou objets psychiques émergeant sur le goban de notre conscience.

Au go, une bonne forme est définie par deux critères : efficacité et continuité.
On retrouve avec l'efficacité le cœur du cœur de notre fascination typiquement française, mallarméenne, pour le Japon : l'épure portée à son épure.

Association d'idées.
J'ai reçu pendant quelques mois une championne de judo. Toute sa vie était construite autour du geste, du mouvement parfait résumé dans une formule : minimum d'effort, maximum d'effet.

Il ne s'agit pas du simple *flow* de Csikszentmihalyi. C'est l'idéogramme du *flow*, son aleph surconcentré : le cercle parfait dessiné main levée, yeux fermés.

C'est un vrai mystère pour moi que d'apercevoir la présence de cette résonance japonaise dans le cœur français pourtant si bavard, si Watteau, si crédence pourpre de salon Napoléon III. Mais je ressens l'indice d'une connivence ethnographique dans le fait que les français arrivent à battre les japonais au judo.

Conjecture : l'équivalence française de l'épure japonaise est peut-être *l'élégance*. Un chic dont l'esprit se trouverait au carrefour de la noblesse d'âme, de la démonstration mathématique et de cette si spécifique économie de moyens qui, dit-on, rend envieuses les femmes du monde : la capacité des françaises à créer la grâce, le chic, le style avec trois bouts de tissu.
Autrement dit, la poétique d'un Verlaine bon père de famille : de la mesure avant toute chose…

On trouve à Paris, rue Sainte-Anne, un restaurant de *ramens* et de *gyozas*. La cuisine se fait dans la salle et l'art s'apprécie au comptoir : avec une nonchalance condescendante - qui nous permet à nous, blancs ridicules, de faire l'humble expérience du racisme inversé -, des cuisiniers asiatiques chorégraphient l'épure, cette bonne forme du go, où chaque geste est efficace, et relié aux autres dans un *flow* de continuité.

Je n'ai pas honte d'une vantardise : celle d'avoir initié à ce lieu François Roustang - lui qui a fait de l'*Art Chevaleresque du Tir à l'Arc* d'Herigel son bréviaire de thérapeute.

La bonne forme, c'est donc *minimum d'effort, maximum d'effet.* Un grand territoire qu'on entoure avec très peu de pierres. Mais des pierres reliables, que l'autre ne peut ni couper, ni isoler.

La mauvaise forme, c'est la surconcentration. Autrement dit : le pâté. Pas la grosse tâche d'encre solaire à la fin de *La Gloire de Mon Père.* Non, le pâté, c'est cette inconvenance laide de bêtise et d'aliénation crasse. Bizarrement, l'image qui me vient comme épure symbolique du pâté, c'est le Big Mac. A noter : les moustaches de José Bové sont un pâté. Le sumotori est un pâté. Et quand dans une séance, j'entends le couac d'une aliénation, le drelin d'une transaction croisée ou contaminée, je pourrais presque voir un weetabix qui aurait séjourné plus de la minute requise dans son bol de lait entier et s'acheminerait, en *slow motion,* après un mauvais mouvement et dans un hommage à Galilée, vers le plancher sous l'œil ému et glouton du chien. Splatch.

Hegel et Cabrel

Je m'imagine bien le petit Georg Wilhelm Friedrich éprouver physiquement, pour la première fois, le « tout se pose en s'opposant » sur le tatami d'une compétition départementale poussin de Judo et conjurer sa trouille en chantonnant du Cabrel.

Pourquoi du Cabrel ? Parce que « elle écoute pousser les fleurs », c'est un bon résumé de la préface de la *Phénoménologie de l'Esprit*.

Sans cet éprouvé corporel du « si je pousse, l'autre se crispe, et il est plus dur à pousser », difficile de s'approprier ce slogan : la métaphysique de la go-thérapie, c'est la dialectique.

Sur un goban, quand on vient au contact direct d'une pierre, l'adversaire qui se sent attaqué répond en la renforçant. Et après cela, tintin.

La première chose que l'on apprend dans le *Petit Traité de Manipulation à l'Usage des Honnêtes Gens*, c'est que si vous voulez demander de l'argent à un inconnu dans la rue, il faut commencer par lui demander l'heure.

En thérapie, c'est pareil. Le mur d'une défense confortablement installée ne s'attaque pas à la masse. Sinon, c'est la ramasse assurée. Une disgression confusante est nécessaire avant la distillation d'une suggestion trop directe. Au go, on appelle cela faire tenuki (jouer « ailleurs » sans répondre au dernier coup).

La dialectique, c'est cet équilibre subtil de la rétroaction *offense-defense*. Et si, petit, vos n'avez pas fait de judo, alors les jubilatoires quatre premières saisons de la série *The West Wing*, écrites par un dialoguiste de génie, Aaron Sorkin, illustreront pour vous l'enjeu : le quotidien du Staff de la Maison Blanche est un goban où pour affermir une position fragilisée, il est parfois nécessaire de susciter la force offensive (brute et pâté) de l'opposition pour mieux la retourner. La Maison Blanche, comme un cabinet de psy, est un goban où il faut toujours conserver l'initiative (le *sente*).

En passant, je me demande s'il ne serait pas possible de lire la politique étrangère actuelle des Etats-Unis comme le reflet d'une *dream team* (de NFL, de NBA, de NHL, de MBL, *ie.* de purs symboles hégéliens) qui, prisonnière d'un jeu à la Eric Berne, se doit de susciter artificiellement l'animosité, de créer coûte que coûte de « l'*offense* » pour pouvoir avoir le sentiment de jouer « *defense* », et étendre à l'infini la durée de sa partie. Toujours et encore : « tout se pose en s'opposant ». Il m'arrive de recevoir des Etats-Unis d'Amérique en consultation.

Personne n'aime la dialectique. Car la rétroaction, c'est le témoignage confirmé de nos limites. On a beau rêver d'infini, le coin de porte contre le petit orteil, l'autre, plus fort, à qui l'on voudrait casser la gueule, sont là pour nous rappeler qu'on se pose en s'opposant.

Une fois accepté ce cadre – le plus souvent après une douloureuse expérience – s'impose une voie élégante qui se propose comme un art : *l'influence.*

Au go, chaque pierre rayonne de son influence alentours.

En séance, chaque intervention est un dosage gravitationnel qui transforme l'espace-temps courbe de la relation, l'espace-temps courbe du consultant.

Le caractère envoûtant et addictif du go est lié, dans mon expérience et dans sa similarité avec la création artistique, à sa nature monadique.

Une pierre, une note, un pixel, une lettre : tous petits clones, identiques, équivalents à d'autres pierres, d'autres notes, d'autres pixels, d'autres lettres - vulnérables dans leur solitude ambivalente. Mais ces atomes identiques agencés sur un espace initialement vierge deviennent vivants par la dialectique, dans leur influence.

L'influence, c'est la force. Pas la force du poing sur la figure. Mais la force du champ de force, cette magie invisible irreprésentable. La limaille de fer, les petites flèches vecteurs, la boussole : ça ne dit rien de cette sensation simple et continue de nos fesses sur l'assise, de la posture de notre corps dans l'espace.

L'influence, c'est la force que le goban donne à voir.

Prescrire le symptôme

Dans les premiers temps de ses parties de débutant, quand on découpe encore ses territoires à la hache, on trouille de voir l'autre venir les envahir. Alors on blinde et on bluffe. Quand on joue avec un adversaire du même niveau, ça peut marcher.

Les consultants qui viennent me voir avec leurs symptômes, c'est pareil.

Quand on progresse au go, on invite l'autre à venir envahir ses moyos. On lui fait même des clins d'œil, on lui envoie des cartons d'invitation : « *si vous voulez vous donner la peine d'entrer…* ». On fait cela avec noblesse, avec élégance. Pour mieux le faire patienter dans l'antichambre. Pour le cantonner au boudoir, où Sade témoigne qu'on peut jouir grave.

Le psy confirmera.
La technique ericksonnienne de prescription de symptômes, c'est cela : autoriser le symptôme sur des temps, des lieux et des modalités circonscrits pour donner l'illusion du contrôle.
Par lassitude de perdre dans ce cantonnement, la leçon est tirée qu'il vaut mieux risquer de construire soi-même son espace plutôt que de se figer, dos tendu, à tenter de pourrir celui de l'autre.

Faiseur / Défaiseur

La plus grande difficulté de l'absolu débutant occidental au go est d'appréhender que le but du jeu n'est pas de prendre les pierres adverses, qu'il n'est pas de tuer l'autre. Le go ce ne sont pas les dames, ce ne sont pas les échecs.

Il y a bien sûr une règle de prises et toute partie se gagne sur l'attaque de groupes adverses. Mais cette prise n'est qu'un moyen de faire du territoire, pas une fin *per se*.

Peut-être est-ce que je me trompe en affirmant cela. Peut-être ai-je en tête une certaine tradition japonaise qui s'efface progressivement aujourd'hui devant d'autres jeux plus agressifs (coréens, chinois).

Mais c'est cette tradition qui m'inspire et me donne plaisir au jeu : une double logique de compétition dans la construction et non dans le choc de deux violences. Le go stimule à être faiseur. Il n'y a pas de plaisir à jouer contre un défaiseur.

Les *Chroniques d'Alvin le Faiseur* d'Orson Scott Card constituent une série de livres que je recommande régulièrement aux consultants qui viennent me voir.

Parce qu'une fois les souffrances apaisées, la question qui reste est : que *faire* de sa vie ?

Local / Global

Que *faire* de sa vie ? Pour répondre à cette question, il faut une vue d'ensemble. Etre en mesure de contextualiser le routinier, l'exaspération, parfois la chiennerie du quotidien, de les évaluer à l'aulne de l'essentiel.

Sur un goban, c'est pareil. Un joueur qui ne voit qu'une succession de situations locales sans percevoir l'architecture d'ensemble est sûr de perdre méchamment.

Pourtant, le quotidien réclame de l'attention. Presque toute notre attention. D'où la sagesse du go qui nous invite à changer régulièrement d'échelle. Passer du microscope au grand angle. Accommoder à la bonne distance, ajuster, mettre au point, pour identifier les formes qui émergent à un niveau méta.

Opportunité du renoncement

Il faut de la ressource pour abandonner une partie de soi, une partie des siens. De la ressource pour ne pas persévérer dans l'erreur.

Scène de série B américaine en haute montagne où une cordée chute. Pour qu'au moins un des membres survive, pour que la vie soit possible, la corde doit être coupée. Je me demande comment s'en sortirait Kant si un Benjamin Constant contemporain l'emmenait randonner dans les Alpes.

Pour lâcher des pierres perdues, il faut une ressource qui vient d'abord d'une vue globale. Mais il faut également de la confiance. Anticiper que malgré la perte, on peut vivre, prendre plaisir à poursuivre ou bien abandonner la partie pour en initier une nouvelle. Un débutant qui n'a pas, à son actif, de stock suffisant de victoires aura du mal à lâcher des pierres manifestement condamnées.

Les psys ont des noms pour ce processus : deuil, désinvestissement. Et c'est l'un des maître motif de leur pratique :

- Deuil d'un mort ou d'un amour
- Abandon d'un symptôme obsolète mais rassurant comme un doudou
- Désinvestissement d'un désir ou d'un script qui n'était pas à soi
- Acceptation pour une mère du départ des enfants
- Renoncement à une organisation systémique dysfonctionnante mais stable

Ce devrait surtout être l'un des maîtres-motifs de leur propre fonctionnement :

- Capacité à renoncer aux hypothèses qui ont fait leur preuve pour entendre la spécificité de la souffrance, de l'histoire, du discours d'un consultant.

- Capacité à falsifier à la Popper ses modèles dans lesquels on a beaucoup investi en temps, en argent et qui rapportent financièrement, hiérarchiquement.

Vivre sa vie personnelle, sa vie de psy comme un bon joueur de go : souple, opportun. Plastique – non comme une bouteille visqueuse quand elle fond mais comme un art capable d'utiliser un mauvais coup de pinceau comme point de départ d'une nouvelle forme. Le go est au fond très similaire au squiggle de Winnicott.

Gosographie

On pourrait d'ailleurs en faire un test projectif ou une triple échelle d'évaluation cognitive, de frustration et d'agressivité. Maître Lim, cité par Pierre Reysset, propose même une typologie animalière, une gosographie faunale, dont les psys peuvent s'inspirer. Car au go, comme dans la vie ou en consultation, on trouve : pigeon, hirondelle, aigle, hippopotame, crocodile, grenouille, tortue, serpent, scorpions, cafard, caméléon, panda, hérisson, lapin, castor, renard, loup, bélier, cheval, girafe, éléphant, araignée, singe, hyène, taureau, ours, puma…

Aller plus haut

Un rapide coup de Google sur « escalier infini » (*infinite stairway*) n'a rien donné. Ni sur « échelle infinie » (*infinite ladder*). J'étais pourtant persuadé de trouver un mythe, tant l'idée symbolise un caractère profond de l'humanité.

J'ai bien pensé aux colonnes « sans fin » et « infinies » de Brancusi ; au *Penrose Stairway* d'Escher. Mais ce que j'ai en tête, c'est vraiment cette montée progressive, degré après degré, et qui, en droit, ne s'arrête jamais. Les humains sont comme ces traits marquant les crues dans les villes traversées par des fleuves.

Le conatus, le désir d'infini en nous est questionnant. Peut-être n'est-il qu'un effet de circuiterie de parade et de dominance instrumentalisé par des gènes égoïstes ? J'intuitionne que dans le registre de l'information, de la mémétique, il change de nature. Il me fait penser au principe de clôture de la gestalt. Et si cette inclinaison en nous était motivée par un souci d'économie contrainte par les limites de notre empan attentionnel ? Et s'il s'agissait organiser les données de notre champ de pensée en unités pour les appréhender, les identifier et rassurer des milliards d'années de trouille de prédation en vérifiant que ce qui nous entoure est sans danger ?

Quand on voit un cercle non clos, on est poussé à le fermer et à crier, comme un membre de SWAT team sécurisant une pièce inconnue : « *clear !* ». Quand on voit une marche, un sommet plus haut, on est pulsionné à l'atteindre.

Un écotope sans prédateur ni concurrent où les entités auraient une RAM upgradable à volonté créerait-il le conatus ? L'insécurité est-elle à l'origine de notre désir d'omniscience, d'omnipotence ?

Posons donc l'escalier infini. Et constatons qu'à chaque marche atteinte, c'est un régal de joie. Au quotidien, les marches qui nous entourent sont soit d'immenses plateaux soit des Everest. La joie de progression est donc généralement assez rare.

L'aspect fascinant du go vient de la lisibilité des marches. Une échelle classe les joueurs selon leur niveau, de trente kyus à première dan amateur. Les très bons joueurs grimperont ensuite de dan en dan. Certains passeront sur l'échelle professionnelle qui s'arrête à neuf mais qui se poursuit implicitement dans la légende ébahie suscitée par les génies qui révolutionnent le jeu en y apportant un nouvel éclairage profond.

En jouant au go, on sait exactement sur quelle marche on se trouve. Et la possibilité de jouer à handicap rend intenses, plaisantes et équilibrées les parties de joueurs de niveaux différents. En séance, le thérapeute joue souvent à handicap. Pas toujours. Et c'est le même grand immense plaisir, quand un consultant franchit définitivement une grande marche. Cela témoigne qu'il s'est débarrassé de mauvaises formes, qu'il sait construire de façon plus sûre.

BLOGUER

Les textes courts qui suivent ont été postés sur mon blog. : des éditos, des notes, des notules, des articles, estampillés par une date et accessibles en-ligne.

Un blog, c'est ce mélange léger d'un sujet qui s'expose à ses risques et périls, mais au bonheur surtout d'échanger par mail avec un lecteur qui deviendra peut-être un ami et que l'on n'aurait jamais rencontré autrement. Ainsi de mes échanges avec Yanik Lefort.

A la source de mon investissement de ce type de textes, le plaisir pris à lire les vignettes cliniques de Ferenczi : l'identification brève, dans le quotidien, d'une forme qui donne à penser.

Gros chagrin

20 mai 2004

Scène au supermarché : une petite fille, debout dans le caddie, pleure à chaudes larmes, hoquette, hurle, attroupe pour un caprice frustré.
Puis s'arrête brusquement, sous la menace, en conscience d'être allé trop loin ou par satisfaction d'un compromis.
Les adultes ne s'autorisent plus ce script.

Le symptôme comme substitut de gros chagrin ?

Avoir le fils dans la peau

22 mai 2004

Aux files d'attentes du supermarché, un jour de mai comme un été, regard attiré par un tatouage. Gigantesque. Couvrant toute la face externe d'un bras droit.

Une femme, vieille avant l'heure, cheveux rouges, courts, non coiffés, racines noires, de celles dont la vulgarité suscite la pitié en signant de douloureuses dissociations méprotégeant d'une destinée horrible.

Le tatouage à l'encre bleue a dû coûter cher. Il est d'une extrême finesse. D'un grain photographique. C'est le photomaton d'un garçon de sept ou huit ans. Visage rond des garçons durs, fermés, violents. Le tatoueur a réussi à appeauser un léger sourire fier.

Le portrait dérange. Parce que ce n'est pas celui d'un husky. Pas celui de Johnny. C'est celui d'un trop grand pour être enfant. Et qui vous fixe.

J'ai pensé à un frère mort. A un fils mort.

Mais non. La femme, en short-caraco, est petite. Et à hauteur de son épaule droite se tient son fils. Légèrement plus âgé que son icône. Paradant, scrutant comme le ferait un garde du corps, les yeux qui s'arrêtent sur son portrait pour toujours ancré sur l'épaule de sa mère. La mère aussi jouit. De son exposition. De son effet. Sourire malsain.

Comme si l'ensemble de la scène était éclairé par un gyrophare rouge, puissant, au ralenti. Avec un cri de sirène defcon1 hurlant, au ralenti : in-ceste !

Naissance impossible. Aliénation forcenée. Misère sociale. Goût amer de l'injustice. Et du découragement.

Je pense aux descendants de cette lignée-là.

Et me balance d'un pied sur l'autre, appuyé sur mon caddie : où est le pire ? Ce kleinisme tatoué, avant-garde qui préfigure tous ceux qui viennent ? Ou bien les tatouages maternels invisibles, internes, qui n'apparaissent qu'énoncés dans l'effroi d'une transe protégée par un psy ?

Le garde-à-vous comme zen occidental ?

30 mai 2004

Tenir plus d'une heure au garde-à-vous, c'est nécessairement entrer en transe, avec analgésie, distorsion du temps et traversée de l'horizon.

Derrière la fière érectilité, l'absence à soi, l'absence au monde, la présence ailleurs.

Un erikcsonisme laïque en somme.

Slant : inclinaison vers l'Oblique

14 juin 2004

Au rayon librairie du Leclerc de Bayeux : le très maigrelet secteur poche SF avec ses dix livres (en trois exemplaires) renouvelés tous les trimestres au gré d'un service commercial parisien.

Pour mon week-end provincial, je me choisis un gros volume gris dont la couverture et le dos m'appâtent en suggérant une version XXIème siècle du premier Indiana Jones.

Attention, publicité mensongère, tromperie sur la marchandise ! Mais je ne me plaindrai pas à *Que Choisir*.

Oblique de Greg Bear est l'un des plus forts stimulants philosophiques, sociologiques, psychologiques que j'aie lus ces derniers mois.

Si vous n'êtes pas utilisateur expert du net, passionné de neurosciences,

Si vous ne lisez pas assidûment [http://www.automatesintelligents.com],

Si « nanos », « mêmes », « évopsy » vous sont des coquilles (vides),

Si vous pensez que l'énoncé « créons un lien entre Tourette, systèmes multiagents et catalyseur ARN », ne veut rien dire,

Alors, confondez-vous en excuses auprès de l'hôtesse de caisse du supermarché car non, finalement, vous ne prendrez pas cet article.

La trame romanesque est pauvre, l'omniprésent sordide déprimant, et les personnages insipides…

Mais quelle puissance de vue futurologique ! Quel bouillonnement conceptuel !

Comme psy, des 638 pages, je retiendrai deux formulations liées qui élaborent une hypothèse socionosographique subtile, élégante, lumineuse :

Page 271 : « *Le stress (social) comme origine de l'équivalent mental du tennis-elbow* »

Page 467 : « *Vous êtes vêtu de culture, et vos vêtements vous boudinent, vous font mal, gênent votre circulation. Nous portons tous des cicatrices rituelles. Et trahison ultime, la culture utilise nos cicatrices pour renforcer sa propre structure* ».

Qui entrent en résonance avec un triple arrière-plan :
- Les interrogations les plus actuelles sur l'épidémie de dépression et de symptômes psychopathologiques divers associés à notre hyper-sur-consommation de psychotropes (et de psys).
- Les recherches en evopsy sur la façon dont nos neurocablages et leurs comportements induits sont le résultat sélectionné d'un contexte environnemental aujourd'hui révolu.

- Un magnifique article de Pierre Clastres intitulé « De la torture dans les sociétés primitives » (*La Société contre l'Etat*, pp. 152-160) sur le sens politique des traces corporelles laissées par les tortures infligées lors des rituels d'initiation.

Résumons.

Premier temps : la société contemporaine provoque de « mauvais gestes », de « mauvaises postures » psychiques micro-traumatisantes qui, par leur répétition, produisent « inflammation » et signaux d'alerte - dont nous sommes sommés de ne pas entendre la nature. La raquette nous tombe des mains, nous ne pouvons puis ne voulons plus renvoyer la balle. Notre tennis-elbow, c'est du social-cerveau ou encore : notre écotope n'est pas ergopsy.

Deuxième temps : le caractère systémique du phénomène pousse à une hypothèse paranoïaque : et si cette aberration ergonomique n'était pas une erreur d'optimisation industrielle en cours d'amendement mais la torture initiatrice - désincorporée et au long cours - de notre société ? Et si la dépression, l'angoisse, l'insomnie, le mal à jouir, étaient les scarifications rituelles, le marquage individualisé de notre époque ?

Hypothèse 1 : frustration par inadéquation entre ce que nous continuons à être et ce qui a évolué de notre fait, à notre détriment.

Hypothèse 2 : viol social sur le principe du chat échaudé qui craint l'eau froide.

Il n'y pas nécessairement engendrement et filiation entre ces deux hypothèses. Elles me semblent liées de façon non linéaire et comme indépendantes. Mais l'une comme l'autre conduisent à poser la méchante question : quel projet politique leur opposer ?

Si l'être humain dans les prochaines décennies produit un modèle génético-comportementaliste exact de lui-même, ce modèle définira aussi notre écotope idéal. Notre optimum social serait-il préhistorique et, si oui, n'est-il pas sage, économique, de le reconstituer en en supprimant technologiquement les inconvénients ? Faut-il que nous remontions dans l'arbre, mais vaccinés ?

Faut-il, autre possibilité, envisager une révolution économique et politique qui instituerait nécessairement un autre rituel, moins insidieux, et dont la trace corporelle susciterait le combat permanent contre l'injustice ? Au passage, Clastres croyait-il vraiment à sa société contre l'état ? Ne savait-il pas, au fond, qu'il fredonnait avec les autres un gimmick seventies ?

Le biohacking est une autre piste, celle qu'explore Greg Bear. Une piste qui va assez bien avec la mégalomanie des dos gris que nous nous croyons être.

Le plaisir à lire Greg Bear, c'est cela : celui de se frapper la poitrine en tentant d'effrayer le destin.

Puis de s'asseoir en s'épuçant le crâne, les yeux vagues. En pensant : *and now what* ?

PS : Greg Bear me répond sur son site qu'il ne se rappelle plus dans quel contexte il a élaboré ces deux idées...

Haka

22 juin 2004

Hier matin onze heures, en sandwich normand entre le gazon vert de la sous-préfecture et une pluie fine, un régiment de transmission, treillis de déf et garde-à-vous : prise d'arme d'une compagnie, jumelée à la ville, par un jeune capitaine. Très petit, de loin. Aussi petit que son prédécesseur.

Les dix centimètres réglementaires du képi du colon me font penser aux perruques du roi soleil. Paraître plus grand. Je vérifie que le colon n'a pas de talons.

Les compagnies, en C, sont comme des lits : au carré.

Les Famas vides portent leur couteau de boucherie qui ne fouailleront aucune entraille. Quelques sergents décorés font flotter sur leur baïonnette des fanions frangés.

Récréation de CE2, avec le même sérieux. On dirait les playmobils d'un enfant-TOC à confier d'urgence à un psy après diligentement d'une enquête sociale.

Je me demande s'il existe au ministère de la Défense un chorégraphe - un maître d'apparat de l'appareil militaire en charge de définir les pas réglementaires, la liturgie des cérémonies, les gestes et les processions. Un MaitreDeLaPompe@defense.gouv.fr

Je ne serais pas surpris qu'on découvre un jour, derrière une fausse cloison de Versailles, le squelette poussiéreux du Maître De La Pompe de Louis XIV. On comprendrait pourquoi - personne n'ayant appris son décès - les consignes de parade sont aujourd'hui encore figées au quadrille révérant la tortue romaine.

Je ne suis pas convaincu que le seul critère d'interchangeabilité explique l'obsession militaire de l'angle droit, sa phobie de la courbe.

[A propos de magasin de pièces détachées, quelques googlisations m'auront conduit à ce qui ressemble à une belle légende urbaine : j'étais persuadé que GI valait pour *Generic Item*. J'apprends qu'en réalité la référence est *Governement-Issued (products)*, appelation elle-même surconstruite à partir de *Galvanized Iron*, inox servant à façonner les fournitures étatiques, par exemple les poubelles...]

Je ne suis pas convaincu non plus que cette mutilation psychomotricienne trouve son origine dans la plus grande difficulté à mettre en œuvre une formation non euclidienne.

J'anticipe que le futur général d'un régiment de guerre électronique, s'inspirant des foules maoïstes ou nord-coréennes, réussira un jour à faire défiler ses troupes en cercle mouvant.

Ce général à képi, à l'enfance saturée des épisodes I et II de Starwars, saura qu'il est absurde de vouloir rivaliser avec la puissance synchrone de défilés *computer generated*.

Au passage, les robots de Sony ont des gestes bien plus fluides que les transmetteurs d'hier dans leur rite sans spectateur ni signification, dont les 10 minutes ont coûté plusieurs jours de répétition - symbole pur du gaspillage gratuit de ressources en homme, en temps, en logistique : faut-il qu'elle n'ait rien à faire, cette armée, pour se permettre ce semblant coûteux.

J'imagine la perplexité des historiens du futur qui tomberont sur les photos prises par les trois représentants de la presse locale dont la dégaine négligée et blasée rappelait celle des journalistes dans *Tintin et les Picaros*.

Pourtant, le dernier moment de cet héritage absurde perpétué « comme si » m'a fait taire, me figeant dans une transe légère.

Une compagnie descendait la rue, lentement, au pas, en chantant. Un chant de Néanderthaliens.

Les vibrations de basse synchrone rayonnant le plaisir d'un chœur en marche de puissance ont remué en moi la nostalgie de très courts moments de mes classes où, après avoir donné le ton, j'étais l'un d'une meute de dieux.

Petite pièce détachée du vivant satisfaite d'accomplir sa finalité biologique brindezingue.

A quoi sert l'histoire ?

20 Décembre 2004

Je vois l'incrédulité stupéfaite colorée d'amertume d'avoir à supporter l'agression d'un petit con dans le regard de mon prof d'histoire de seconde auquel je demande : à quoi ça sert ?

Pas plus satisfait que moi, pourtant, de la réponse évidente « à comprendre le présent ». Dans ses yeux, l'intuition forte qu'enseigner l'histoire à coup de chapitres académiquement découpés et de validation par la mémoire des dates ne sert à rien.

Pourquoi engrammer un contenu quand le support papier et numérique permet de ne retenir que l'index ? L'existence des items dans l'index.

C'est un peu comme s'il fallait ne retenir de son histoire personnelle que les dates. Forcer l'épisodique en déclaratif. Avec la prétention d'en faire du politiquement procédural.

Grattons et trouvons :

- Gergovie ou le passé d'or. Un peu à la manière de l'idée selon laquelle seule la mort transforme la vie d'un homme en destin, seul le passé légitime le temps. Le passé est digne d'intérêt parce qu'il a fait ses preuves : il a eu lieu.

- La mémoire du bon fils comptant ses quartiers : ancêtres, donnez-moi le programme de ma vie.

- L'illusion du rat linéaire : l'Histoire comme une boîte de Skinner.

- Le temps de l'espèce comme planche projective de l'individu.

Miyazaki et Spinoza

17 janvier 2005

Dans *Le Château de Cagliostro*, Lupin III s'infiltre à la nage par l'aqueduc.

Le courant l'emporte dans le tube parabolique d'une chute d'eau.

Moment sublime, de bonheur pur à rire, quand la brasse grenouille désespérée de Lupin pour remonter à contre-courant. Qui n'arrivera pas à éviter la chute.

Spinoza, c'est ça.

Ciao, Narcissisme...

23 janvier 2005

Freud est notre Hésiode.

Et dans deux mille cinq cents ans, des historiens incrédules se poseront la question que nous posons aux Grecs : y croyaient-ils vraiment ?

Ça fera rire les lycéens.

Nous en sommes aujourd'hui au point où c'est le concept même de narcissisme qui est devenu narcissique. A se mirer dans son signifiant, il ne perçoit plus le caractère illusoire et déformé d'un mot au champ lexical inadéquat pour nommer le processus qu'il vise.

Certes, le vivant est un pour-soi (ou le transport d'un gène égoïste).

Certes, la psyché est l'attribut spinoziste de ce pour-soi.

Mais le rapport au monde de ce pour-soi dépend-t-il de son stock « d'énergie » (initiale et engrangée), de ses réserves de déploiement, ou bien des autolimitations de son programme d'expansion ?

Le narcissisme, c'est une sorte d'éther des psys.

Une notion au demeurant totalement inutile pour la technique psychothérapique.

Savoir qu'on souffre d'une « pathologie du narcissisme » n'apaise, ne soulage ni ne transforme. Et dans leur représentation d'une enveloppe ébréchée, les psys rationalisent et se dupent en pensant que l'immobilité de leur « cadre » servira d'étoupe. Si ça, ce n'est pas une pensée magique !?

On peut avoir le réservoir plein et ne pas croire qu'on peut tracer sa route.

C'est par inadvertance - contre moi - que j'ai découvert dans la partie initiale du protocole EMDR, celle où on fait verbaliser croyances négatives et positives, l'élégance et la puissance utile de cette falsification : bien plus que le réservoir, c'est l'autolimitation qui compte.

Une mère aimante qui nourrit le « narcissisme » de son petit, c'est simplement une mère qui suggestionne : « *l'environnement est sécure, tu peux le faire* ».

Un défaut de « narcissisme », un « narcissime négatif », ce n'est, souvent, pas toujours, qu'une croyance autolimitante se rémunérant de la jouissance de sa plainte.
Pas tant un « je m'aime pas » qu'un « je crois que je ne peux pas ».

Il suffit donc de permettre au consultant d'écouter son cœur. Il sait ce qu'il peut. Il sait ce qu'il croit.

Le « narcissisme », c'est l'intensité des possibles.

Merci à François Roustang pour ses cairns.

Le psy comme accordeur aveugle de pianos sourds

29 janvier 2005

Image pieuse de la lutte des classes : l'arrivée du piano d'occasion au foyer qui rêve d'éternité bourgeoise.

Les accordeurs voyants, ceux des vrais vendeurs de vrais pianos neufs, sont pour les bourgeois installés. Dont la radicalité politique s'arrête à l'extrême centre.

Mais pour les familles horizonant l'ascension sociale, les stigmates sont encore frais : c'est donc à un aveugle que l'on confie l'accordage impossible d'un piano sur lequel jamais n'a été ni ne sera jouée une sonate de Beethoven.

Je revois ce vieux monsieur poli. Je crois qu'on allait le chercher.
Il avait la gentillesse de dire qu'il sentait que le piano avait un beau cadre.
La salle des ventes avait roulé ma mère. Mais « c'était pas cher ». Et ma sœur avait l'occasion de devenir Clara Schumann.

Je revois cet interview de Bernstein à la télévision où il se souvenait d'un petit garçon - était-ce lui ? - qui répondait à la question « de quel instrument veux-tu jouer ? » par : « la musique » , désignant ainsi « le piano ».

Je me reconnais dans ce petit garçon.

La tristesse et l'amertume liées à ces images ne sont pas corrélées à ce que je ressens avec une force joyeuse, aujourd'hui : comme psy, je suis un accordeur aveugle de pianos sourds.

Ma perception clinique est musicale et j'ai l'oreille absolue du couac de la défense, du canard de l'aliénation.

Mais aveugle : car jamais je ne vois l'intérieur des boîtes noires.

Les « musiques » qui viennent me consulter dissonent de ne pas s'entendre. Parfois, un tour de clé d'un demi-centimètre, le changement d'un feutre, la neutralisation des notes les plus extrêmes suffisent à trouver, à retrouver l'accord. Il m'arrive, pour vérifier que ça sonne, de jouer des airs que j'aime, de nature différente, pour instiller des harmoniques, des rythmes temporisés.

Objectif thérapeutique : un clavier bien tempéré. Où chaque « musique » improvise ses mélodies après avoir réappris à s'entendre.

Les codecs du psy

29 janvier 2005

- Ça marche pas...

- Vous êtes sûr d'avoir les bons codecs ?

- Les quoi ?

Séance de supervision. Où l'on doit montrer une vidéo. Les psys mâles sont arrivés avec leur ordinateur portable. En décalé, le son d'ouverture de windows XP. On tente de lancer un fichier vidéo sur l'une des machines. Sans succès.

Les psys femelles gloussent et soupirent en entendant le mot codec.

- Avec les macs, ça marche mieux...

Parfois, il m'arrive de recevoir un consultant qui me donne l'effet de ne pas avoir le bon codec, cet algorithme de COmpression-DECompression qui encode dans un format spécifique le message.

Un codec, ce n'est pas un chiffreur. C'est un format optimisé.

La culture est un codec. Une nosographie, un codec pour toujours en version béta.

Mais parfois, tout simplement, le psy n'a pas l'algorithme pour entendre ce qu'on lui dit. Et dans ce cas : « ça marche pas ».
L'ethnopsy en sait quelque chose.

Sur ce fil analogique : le bénéfice secondaire, la jouissance de la plainte, c'est la feinte de ne pas être RW (read-writable).

Le psy comme ronin ou les sept samouraïs comme formation continue

10 mars 2005

C'est d'abord un écotope économique : un village pauvre pillé régulièrement par une bande de bandits en string, inconscients de l'excès de leur ponctionnement.

Les villageois comprennent et acceptent le précompte : les impôts, les intempéries, l'épuisement à survivre.

Mais cette fois-ci, c'est trop.

Alors ils consultent le vieux. Qui se rappellent un précédent. L'embauche de samouraïs.

Souvent une thérapie commence ainsi. Par la plainte. Une plainte qui tord les boyaux tellement elle est poignante. Les pauvres paysans, misérables, se privent, sont battus, volés, exploités et chouinent comme des Stanley Laurel. Alors un ronin, pour l'honneur, pour un bol de riz blanc - le paysan mange du mauvais mil -, accepte de les aider.

Le sage, le roc, le triste, l'arbre Kambei Shimura convainc cinq autres confrères. Pour former un ikebana caractérologique éternel.

A ces 6, un plus-un : Kikuchiyo Mifune.

Kikuchiyo est un enfant de 5 ans, 1m80, 100 kilos, sale, inculte, fils de paysan.

Un génie qui danse rigolardement avec l'espace. Comme un ours, comme un singe, comme le Néo de Matrix qui, en *slow motion*, modifie les formes a priori de la sensibilité kantienne.

C'est un Petit Prince de Saint Exupéry post-pubère aux yeux bridés, barbu, et au phallus incandescent.

Quel idéal du moi pour le psy ?

- Kambei ou la permanence juste et triste ?

- Kyuzo à l'oeil mort s'effaçant devant le geste pur à parfaire ?

- Katsushiro, jeune et riche puceau cherchant un maître ?

- Hayashida de l'école des coupeurs de bois ?

- Gorobei ou l'imperturbable bonhommie ?

- Shichiroji, le porteur d'eau qui se cache sous les eaux ?

- Ou Kikuchiyo cœur d'or ?

Il faut, aux samouraïs naïfs et bons, un péquenot qui se gratte comme un chien de Socrate pour percevoir le vrai : les pauvres, les si pauvres paysans, ceux qui pleurent misère et anticipent la désolation, possèdent, cachés dans leurs greniers, sous leur plancher, des trésors de ressources : riz, sake, viande et armes et armures récupérées sur les dépouilles de Samouraïs.

A la fin, tout le monde meurt. Y compris les survivants.

Sauf les paysans, le village, la collectivité dont l'art est de poursuivre en repiquant le riz.

Kurosawa, sacré bon systémicien ericksonien...

Leçon : ne pas oublier le Kikuchiyo en soi.

FUD et Psys

27 février 2005

FUD : *Fear, Uncertainty and Doubt.*

Stratégie de marketing de sociétés ayant une position dominante pour lutter contre l'émergence de concurrents novateurs. Faire peur par le doute et la suspicion.

On pense à Microsoft contre Linux. Aux Encyclopédies commerciales contre le web et les wikis.

Ne serait-ce pas également une façon très simple de lire l'essentiel des débats récents sur la psychothérapie ? Freud et Bill Gates, même combat ?

Bunraku ou la métaphore topique ?

24 avril 2005

Dolls de Kitano n'est pas un bon film. Du Spinoza japonais sophoclisé. Mais cheap et long. Avec des images aveugles qui restent comme des tâches de sang.
Temps suspendu du trauma. Il faudrait aux protagonistes des séances d'EMDR.

Mais *Dolls* s'ouvre sur une scène de Bunraku.
J'ignorais tout de cet art de la marionnette.

Ce contexte posé : pourquoi ça parle au psy ?

Dans *Indiana Jones et la Dernière Croisade*, Lucas et Spielberg utilisent le grand classique comique du passage secret tambour : le fond de cheminée qui pivote pour donner accès à ce que dissimule le château autrichien, un centre de commande du mal absolu.

La représentation Bunraku reprend ce grand classique. Le musicien et le récitant sont pivotés vers la scène dans un moment cinétique circulaire parfait.

Et là, paf ! Encore un contrecoup de déformation professionnelle : fuse une interprétation sous forme d'hypothèse : ce grand classique ne serait-il pas la métaphore du refoulement et de son retour ? Ou peut-être la métaphore du clivage et du surgissement de ses rejetons incontrôlés ?

Certitude : ce passe-passe-muraille si jubilatoire met en scène un processus que nous utilisons au quotidien. Posons cela. En suspension. Et poursuivons.

Deuxième mouvement de recul : le récitant hurle la douleur de l'héroïne de telle sorte que les sacs noirs sur la tête des assistants manipulateurs échouent à ne pas nous évoquer les prisonniers d'Abou Ghraib. Il y a des collusions qui font mal. Mais je ne peux m'empêcher de ressentir que ce sac rectangulaire pluri-centenaire est un couac esthétique. Très surprenant car le cabochon d'un Ninja ferait indubitablement mieux l'accord. Ce pli de la taie qui traîne aurait-il un sens ? Ce couac signifie-t-il l'humiliation soumise des assistants ? Le rappel social d'une hiérarchie qui fait du sous-fifre un déchet ?

Survient le troisième tic sur le visage du psy qui tique : l'impassibilité exposée de l'Omo-Tsukai, le maître manipulateur. En occident, le maître des marionnettes est invisible. Il n'a pas de visage, il est sur une autre scène. En dessous. Au dessus. Derrière. Mais il n'est pas là, coincé dans la même 2D que sa marionnette. C'est un peu comme si le Bunraku faisait l'économie de la perspective. Comme si la scène perdait la profondeur, comme sur un vase grec ou un Cimabue.

Reprenons : d'un côté des marionnettes forcément figées, aussi vivantes soient-elles, manipulées par des maîtres dont le visage figé est trois fois plus grand que leur objet et qui sont assistés de deux poubelles noires mouvantes. De l'autre, un Shamisen qui marche sur la queue de son chat. Et un récitant tellement épuisé par son récitatif de scènes conjugales, dans un registre proche du sifflement de la cocotte minute vieux modèle, qu'il faut le remplacer toutes les demi-heures.

Résultat : une chorégraphie sublime où chaque geste pince l'âme et une force de vie telle que la Catharsis d'Aristote en est réduite à « On purge Bébé ».

Quel est le truc ? Le psy sort sa méta-pan-théorie de tricheur rapide : « tout parle de soi ». Et le Bunraku devient une métaphore agie, kinesthésique, de notre topique en situation de défense dans les filets de la souffrance du quotidien. Le figement, la dissociation. Le contrôle et le limbique. Le sac sur le cou de la pulsion et de l'initiation. La mémoire qui s'époumone et les mots toujours inadéquats. Le feuilleté de soi sans recul.

Et toujours cette question : sommes nous les *Dolls* tragiques d'un destin absurde ?

La manie des frères Marx dans la foule

25 avril 2005

Pas la peine d'effectuer un stage en psychiatrie pour se confronter à la clinique d'un épisode hypomaniaque virant au rouge : louez-vous un Marx Brothers !

Vous y repérerez : le boost de la grandeur, la tachipsychie, le coq à l'âne, la moquerie ravageuse, la grande blablatération, la distractibilité distrayante, l'agitation manipulatrice, la prise de risque, l'infatigabilité apparente : le grand tournis.

Avoir *tous* les Marx Brothers en soi, c'est ça, la souffrance d'un trouble de l'humeur versant maniaque. A sortir essoré des 90 minutes d'un de leurs films, imaginez cet état qui dure plusieurs jours et plusieurs nuits.

Ou encore :
Groucho, c'est le pendant de la crise.
Chico, c'est l'entre-deux crises lithiumisé.
Harpo, c'est la stupéfaction muette d'après crise, le regard candide intérieur qui perçoit, qui klaxonne, qui porte en lui et qui appelle la protection.

Quid de la foule ?

Cette hypothèse : et si la foule s'entretenait à l'hypomanie ? Et si la logique de la foule était de produire des frères Marx ?

Les CRS sont-ils le lithium de la République ?

Loop while…

5 octobre 2005

Le trauma psychique est un casse tête.

Il est partout autour de nous, on en porte en nous, à intensité variable, des traces, des cicatrices ou des volcans en activité.

Et c'est peu dire que la théorie que les psys en proposent est pauvre.

On se débrouille à coup de métaphores.

Une première métaphore emprunte, par contiguïté d'origine, au trauma corporel : la déformation violente, altérante du corps. La coupure, la fracture ouverte en sont les images-clés.

La fin du trauma, c'est alors la cicatrisation, la capacité d'autoréparation du corps, aidé ou non par la médecine, et qui intervient après un certain temps, le temps du soin.

Le trauma psychique a ceci de particulier qu'il se constitue dans les dominos de la surinfection. Et que le nosocomial est assez fréquent…

Une seconde métaphore peut être empruntée à l'informatique. Dans tous les langages de programmation, il existe une façon de mettre en place des boucles (loops) d'instructions. Par ces instructions, on indique à l'ordinateur de rester dans le processus où il se trouve jusqu'à (while) ce qu'un événement ou le résultat du processus émette un signal de sortie de boucles.

Il est possible d'imbriquer des boucles dans d'autres boucles.

Dans le trauma psychique, c'est tout comme.

Et je ne peux plus penser au trauma sans entendre Brel chantant sa valse à mille temps. Mille temps c'est un peu beaucoup. A ce jour, j'en compte cinq. C'est déjà vraiment trop. Mais l'excès est aussi une autre définition du trauma.

Loop 1 : l'effraction

Quand on dit « trauma », on pense immédiatement à l'accident, au viol, à la maladie grave, à l'agression, au vécu de l'insupportable.

L'intégrité du sujet a vacillé. Il s'est trouvé dans une situation radicalement insécure où il ne contrôlait rien, où il pouvait disparaître.

On pourrait croire que tout est là. C'est parfois le cas. Mais le plus souvent : non.

Parce qu'un trauma n'est pas toujours à dix sur une échelle d'intensité de 1 à 10. Souvenez-vous, par exemple, de vos scènes d'humiliation scolaire.

Parce qu'un trauma de basse intensité, ça se répète et qu'il entre toujours en écho avec les précédents.

Loop 2 : le morcellement

Il semble que ce soit Ferenczi qui, le premier, ait pointé combien, en cas de traumas infantiles, le premier temps n'était pas constitutif des suites épouvantables, si douloureuses de ces situations.

Le pire, après une effraction, comme par exemple un abus ou ne serait-ce qu'une tentative d'abus, c'est la non assomption de la gravité de l'événement par l'entourage, à commencer par les parents. Souvent le vrai trauma est moins l'événement que le silence qui le suit, le non partage de la gravité extrême de ce qui a eu lieu. Il arrive fréquemment que, par honte, un enfant ne dise rien. Son comportement change alors radicalement et ce comportement témoigne, parle, à la place de la bouche de l'enfant. Ce message peut ne pas être entendu, perçu, compris. Et l'enfant reste, seul dans sa tête, seul dans son cœur avec son effroi, sa terreur.

Le pire vient quand il est entendu, quand l'enfant s'exprime, que les parents savent mais que par maladresse, intérêt, malveillance ou du fait de leurs propres traumatismes, ils minorent l'incident, suggèrent l'amnésie, font comme s'il ne s'était rien passé.

C'est le vrai temps de l'enkystement, le temps folique du trauma. Tout simplement parce qu'il conduit la victime à créer une réalité morcelée :

•   un réel où l'effraction a eu lieu et reste un fait brut, non symbolisable parce que non partagé, un pic d'intensité non humain, non mentalisable, toujours présent, prêt à déclencher ses boucles d'émotions excessives incontrôlées à partir du moindre indice de rappel de la scène. Un enfer.

- un réel « comme si », un monde du semblant, un voile des apparences parfaites, lisse, peu mentalisé, figé, mort. Un purgatoire.

Dans un monde morcelé, il y a des lignes de fracture ouvertes d'où émergent un magma des profondeurs. Des petits délires, des hypomanies, du processus primaire, de ces manifestations qui inquiètent vraiment les psys. Depuis que je suis à même de repérer les traumas maintenant que l'expérience et l'EMDR m'ont fait chausser les bonnes lunettes, je me dis que tout ce que j'aurais auparavant rangé sous l'étiquette « borderline » ressemble bien étrangement aux effets de ce post-traumatique enkysté…

Loop 3 : le symptôme

Nouveau glissement traumatique : l'effraction émotionnelle (l'enfer), le temps figé et vide (le purgatoire), et les remontées de magma primaire (incompatibilité de deux mondes pour un seul réel) produisent des symptômes, différents dans leurs registres mais qui, dans certaines de leurs manifestations, peuvent être à leur tour et en elles-mêmes traumatiques.

Ce n'est donc plus l'effraction qui traumatise mais le symptôme qu'elle a produit.

Une personne victime d'une agression gravissime, où tous les témoins n'ont pas réagi, pourra ainsi produire, quelques années plus tard, un sentiment d'insécurité tel qu'elle aura le sentiment de vivre de véritables hallucinations en voyant et entendant des agresseurs entrer chez elle.

L'intensité la plus forte de la perturbation est dans ce cas moins la terreur de l'agression que le sentiment de devenir fou. Ce sentiment honteux, la lucidité sur les hallucinations incontrôlées, conduisent la personne à se taire un certain temps et on retrouve alors le même mécanisme qu'au temps 2 : un nouveau morcellement secondaire. Jusqu'à ce que cela pète.

Parfois les forces de contention tiennent. Et tout reste sur pause, sur une vie de fantôme. C'est alors, comme de bien entendu, que cela se transmet.

Loop 4 : le transgénérationnel

Les traumatisés ont des enfants. Etre élevé par un parent traumatisé, par des parents traumatisés, ça laisse des traces. Le plus souvent des traces en creux. Blanches. On est congelé d'une vie « comme si » qui ne tient sur rien. Qui ne donne le goût à rien. Qui incline à la soumission, à l'effacement, à la moyennitude conformisante.

Et parfois, on a le droit à des parents sur le registre « enfer », incompréhensibles quand un déclencheur enclenche une réaction émotionnelle excessive, incontrôlée, tellement disproportionnée par rapport à la situation déclenchante qu'on se demande si on vit dans un monde commun. A répétition, des scènes comme celle-là, et c'est le temps 2 du morcellement qui guette.

Trauma du trauma du post-trauma.

Loop 5 : le psy

Et puis enfin, on trouve certains psys et leur neutralité hypocrite, leur réserve trouillarde et malveillante. Quand quelqu'un évoque dans le sanglot et la douleur un trauma, rester silencieux et sans réaction, c'est mettre en place un nouveau trauma ou maintenir, activer, alimenter un ancien : celui du temps 2, celui du silence, celui du proche qui ne dit rien quand il s'est passé l'insupportable.

Nous sommes des primates. Les freudiens et leurs affiliés, tout évolutionnistes fussent-ils, l'ont pour leur majorité, victoriens qu'ils étaient, oublié. Un primate, ça a besoin du contact de ses semblables. Ca communique de ce contact. Quand quelqu'un sanglote, on lui prend la main. On lui touche le bras. On est présent physiquement, chaleureusement. On ne le laisse pas sombrer dans son abîme antarctique. On le retient au monde. On témoigne que quelqu'un est présent et prend soin. Si on le voit rouge et desséché de ses larmes, on lui propose un verre d'eau. On se soucie de son homéostasie.

Parce qu'on est des primates et que l'équilibre, le soin, commencent par là.

C'est dur, vraiment dur, de recevoir des consultants qui ont payé des années et des années des psys pour entretenir, redoubler leur trauma.

C'est cela le nosocomial du trauma psychique. Cette boucle-là, c'est le devoir des psys que de se donner dix ans pour l'éradiquer.

Conclusion

Cinq loops.

Dans les premières séances, il est facile de repérer à quel niveau de boucles appartiennent les souffrances traumatiques des consultants. La leçon est simple : cherchez les traumas. Vous en trouverez. Ciblez-les. Traitez-les. Et si vous ne savez pas comment faire, apprenez. Depuis peu, on sait faire. On se doit de le faire.

Les parents comme notice Ikéa

28 octobre 2005

Connaître sa lignée. Sa vraie lignée. La douleur de ne pas savoir d'où l'on vient. Souffrir de ne pouvoir tracer son génogramme. Souffrir des blancs, des creux, des silences générationnels.

Qui n'a pas vu à la télévision, entendu à la radio, ces reportages déchirants sur ces personnes nées sous X en quête de leur histoire ?!

Autre variation, universelle, sur le même thème : « Vous savez, j'ai toujours ressenti que mes parents n'étaient pas mes vrais parents. Une erreur de berceau à la maternité, c'est déjà arrivé »…

Ou encore : « Je n'en peux plus de savoir que ma soeur n'a pas le même père que moi, de porter ce secret que mes parents ne veulent pas lui révéler, ce secret qu'elle sait sans savoir et qui fige sa vie ».

Le quotidien d'un psy est tissé de ce motif.

Mais la question n'est jamais ce qu'elle donne à croire au premier abord.

La question n'est pas celle du passé.

La question de l'origine est toujours celle du futur. Celle du jour qui vient, de la semaine qui vient, de l'année qui vient.

C'est une question philosophique, celle des bornes, des limites, des espoirs qu'on place dans son existence : que faire de sa vie ? Pour quoi vivre ? Pour quel aujourd'hui ? Pour quel demain ?

Voilà : nous cherchons dans notre lignée un mode d'emploi existentiel.

La vie d'un individu contemporain, c'est la livraison, dans un seul et même carton, des pièces d'un kit. Sans manuel de montage. Sans schéma du résultat. Sans liste des pièces qui nous permettrait de nous assurer qu'il n'en manque pas. C'est un kit polymorphe. Nous pouvons faire bien plus que nous ne pouvons imaginer. On peut tellement faire que l'angoisse de la profusion, identique à celle, de basse intensité, qu'on ressent dans le rayon des yaourts d'un supermarché, sourd et tape la poitrine, sourd et prend le cœur.

L'angoisse de la liberté c'est l'angoisse du surchoix. Ce n'est pas métaphysique. Ce n'est pas existentiel. C'est la simple conséquence d'une surcharge cognitive pour notre empan attentionnel, pour notre mémoire de travail. L'angoisse de la liberté, c'est la souffrance du primate qui n'a pas assez évolué pour s'adapter à un monde où la matrice remplace les arbres.

Ce handicap de hardware sous-dimensionné est majoré par un autre : l'empreinte laissée par la néoténie. Petit d'homme en détresse, nous nous mettons pendant toute l'enfance dans cette disposition où nous téléchargeons nos programmes certifiés auprès de parents qui disposent d'une légitimité de confiance absolue. La société nous confirme le bien-fondé de ce dispositif et nous engage à prolonger le processus.

Nous intégrons donc que les parents ont le mode d'emploi. Et notre ennui de primate en manque de RAM, en manque d'instructions («

qu'est-ce que j'peux faire, chais pas quoi faire ») trouve là une partie de son antidote : la notice se trouve dans la lignée.

Le plus souvent, on passe à côté du tragique risible de la situation : l'arbitraire, strictement conventionnel, de la décision d'accorder au passé de sa famille l'ordonnancement et le cadrage de son futur. Il n'y a aucune raison de choisir telle notice plutôt que telle autre. Toutes sont imaginaires et bricolées par d'anciens enfants eux-mêmes sans notice.

Et cette ignorance de l'arbitraire produit souvent de la terreur, une insécurité de longue durée : il faut avoir fait l'expérience du flip provoqué par la présence dans sa lignée d'un parent fou, dysfonctionnant, souffrant, pour comprendre la force suggestive de la notice familiale. « Ca lui est arrivé à lui, pourrai-je échapper à ça ? Et si j'échappe à ça, est-ce que je ne trahis pas ma lignée ? Et si je trahis ma lignée, quelle notice pourrai-je alors utiliser ? ».

Besoin d'une confirmation finale ? Que faites-vous donc ici, si ce n'est chercher à compléter votre notice ?

« Des notices ! Qui veut mes notices ?! »

La magie et nous

6 novembre 2005

Ou pourquoi l'être humain ne peut-il échapper à la magie.

Des limites hardware de l'entendement humain

Impossible de s'en extraire parce que nos ressources cognitives réflexives n'ont pas l'empan de mémoire et de processeur suffisant pour rendre compte de façon linéaire d'un monde à la détermination majoritairement non linéaire.

Préconscients de nos limites, nous interrompons le fil causal de nos pensées moulées à la louche à un niveau en deçà duquel le sens perd sa rigueur formelle pour se satisfaire de clôtures tautologiques. Je vois une montre, j'infère l'horloger. Pas le papa dudit horloger.

La pensée magique est donc le résultat de nos limites cognitives.

Mais ce n'est pas tout.

D'une pensée bimodale hétérogène

L'évolution nous a créé une interface ergonomique d'accès à notre pensée. Un peu comme le GUI (Graphic User Interface) d'un desktop, notre pensée réflexive manipule des objets verbaux, spatiaux ou formels, certes de haut niveau, certes pratiques compte tenu de nos limitations hardware, mais incroyablement pauvres au regard de la quantité et de la profondeur du traitement modulaire de l'information sous-jacente à cette interface. Les états modifiés de conscience, les autistes savants, témoignent de la puissance de cet autre mode de pensée en nous. Un mode saturé de perceptions, privilégiant l'analogie, la métaphore à l'inférence formelle. Ces deux états sont mutuellement incompatibles et ce n'est pas un bug mais un feature. Notre pensée « en deçà », c'est un peu comme un mode console affichant l'actualisation d'un sniffeur de paquets réseau, ce sont les signes verts défilant de la matrice.

Pour nous autres utilisateurs de GUI pour nous interfacer à la vie, ce mode infra, sous-jacent, métamorphe, magmatique, ne peut être, perçu, vécu que comme magique. Le délire, les processus primaires, ce ne sont sans doute que des blurps de notre pensée analogique, des glitches. Quand on en est victime, ça fiche les j'tons. D'où la sainte horreur d'être victime des trucs d'un magicien de music hall qui nous conduit à nous demander s'il ne faut pas rebooter notre interface.

C'est donc parce que notre mode d'accès à nos propres processus de pensée est majoritairement unimodal que nous ne pouvons échapper à la magie inscrite en permanence, cognitivement, en nous.

Mais ce n'est pas tout.

D'un monde sans mode d'emploi

Un hardware limité qui ne peut s'appliquer exhaustivement à lui-même aurait été suffisant s'il n'y avait pas ce petit hic perturbant : le mode d'emploi de la vie, la fiche de poste du monde n'est pas disponible. Pourquoi quelque chose plutôt que rien ? Pourquoi ceci plutôt que cela ? Pour quoi ceci ? Pourquoi souffrir pour mourir à la fin ? Bref un petit tas de questions à deux balles.

Des questions excédant évidemment, loi de Moore oblige, les limitations de notre pensée interfacée.

Comme la pub à la consommation, le monde nous pousse donc nécessairement à la magie.

Du refoulé de la magie et de son retour au galop

En matière de magie, notre difficulté à nous, occidentaux, en bons fils d'Euclide, de Descartes, de Comte, de Popper que nous sommes, c'est que notre clôture tautologique magique nous interdit de l'utiliser (la magie), simplement. Pour nous, la magie, c'est bon pour les enfants, les barbares, les incultes. Un homme de bon goût vivra comme un impératif moral absolu l'exigence de refouler sa pensée magique. Comme un prêtre catholique avec les femmes, l'homme « moderne » ne doit pas se souiller à la magie. Résultat de cette culpabilisation : une civilisation de pêcheurs qui vit dans la magie, mange de la magie, naît dans la magie, souffre dans la magie, meurt dans la magie mais qui, pudiquement, tentera de fermer les yeux toute sa vie.

Ouvrons les yeux.

Qu'est-ce que le stress ?

1ᵉʳ février 2006

[Réponse à une demande de définition de Stress, Peur, Angoisse, Anxiété]

J'ai toujours trouvé insupportablement flou le mot « stress » et les définitions qui y sont associées.

Son origine en physique des matériaux et sa graphie saxonne (les rares autres mots en français finissant par « ess » sont : business, express, loess, mess …) lui donnent un faux air de technicité donc de précision alors qu'il est utilisé pour désigner des réalités sans rapport, des causes aussi bien que des effets.

J'ai l'impression face à « stress » d'être un esquimau dont on aurait réduit le vocabulaire nival à un unique mot : neige (un mot qu'il faudrait prononcer « à la française » pour faire chic).

Au fond, « stress », est-ce autre chose qu'un mauvais catéchisme hégélien généralisé au quotidien : tout se pose en s'opposant ?

Le mot m'apparaît profondément idéologique. Il témoigne de la nature économique, industrielle de notre société. Un peu comme si on tentait de fonder cellulairement, substantiellement, le darwinisme social qui fonde l'imaginaire de notre économie, l'imaginaire requis par la compétitivité actuelle. N'oublions pas que cet imaginaire est une construction, marginale à l'échelle de l'histoire humaine, et qu'elle ferait hurler de rire un Nambikwara.

Que les humains soient des primates hiérarchiques devant combattre les contingences du quotidien et leurs congénères pour assoir leur rang afin de garantir la transmission de leurs gènes, de leurs mêmes, peut-être.

Mais ne sommes-nous que lutte, opposition ? La vie humaine est-elle réductible au « adapt or perish » ? L'utilisation extensive de ce mot me semble légitimer cet a priori, son flou couvrant alors sa nature idéologique.

A noter que dans ce cadre, on se fait une représentation paranoïaque de l'homéostasie : chateau fort assiégé repoussant à coup d'huile bouillante versée du haut des mâchicoulis des envahisseurs sales et méchants.
Le mot stress valide cette perspective défensive, insécure.

Autrement dit, et avec un grand sourire : stress est un mot capitaliste et de victime.
Qui voudrait dès lors le conserver ?

Plus que Hegel, Spinoza, en dialecticien de la joie, pourrait nous aider à préciser ce dont il est question quand nous utilisons le terme.

Pour Spinoza, nous ne sommes pas des châteaux-forts au territoire figé, agressé : nous sommes des soleils, des arbres en expansion. Le cœur de l'homme n'est pas le chèrement acquis, le patrimoine, mais son désir d'accroître sa puissance d'agir.

Tout gain dans cette dynamique provoque de la joie. Toute perte, de la tristesse.

Ce modèle nous permet de mieux désigner ce qu'on nomme par stress : il s'agit des déterminants que nous anticipons comme pouvant réduire notre puissance (pas simplement l'être dans lequel nous voulons persévérer, mais son développement).

Le terme clé est anticipation : notre évaluation des déterminants est le résultat d'un processus cognitif, expérientiel, lui-même relié à notre capacité de frustration, notre capacité à différer une gratification immédiate pour obtenir un gain ultérieur plus important [cf. le test des bonbons de Shoda, Y., Mischel, W., & Peake, P. K. (1990). Predicting adolescent cognitive and self-regulatory competencies from preschool delay of gratification: Identifying diagnostic conditions. Developmental Psychology, 26(6), 978-986.].

C'est cette dimension de tristesse spinoziste, de perte *anticipée* que désigne la majorité des utilisations du mot stress. « Appréhender », « redouter » font certes moins chic, moins technique, plus vieille France que « stresser », mais ne sont-ce pas de stricts synonymes ?

On est bien là, en tous les cas, dans le registre de la peur. Une peur modulée par des traitements cognitifs multimodaux de haut niveau.

Non pas de la peur d'un objet dont les effets de la menace sont clairement prévisibles.

Mais de la peur d'une restriction de conatus et de la tristesse associée.

Je serai plus bref sur angoisse et anxiété : mon sentiment est que ces mots désignent un même phénomène variant seulement en intensité et en durée. L'anxiété est une angoisse faible mais diffuse dans le temps.

J'ai l'intuition qu'ils sont liés à une circonstance précise du circuit de la peur, celle où l'on ne peut ni « fight », ni « fly » : juste « freeze » – ce freeze que l'on retrouve au combien souvent dans le trauma.

Une trouvaille géniale de la psychanalyse est d'avoir repéré que l'angoisse non traumatique est le résultat énergétique de la conflagration entre deux désirs contradictoires dont l'un souvent est inconscient. Cette impossibilité dynamique interne à résoudre serait l'origine de ce freeze si spécifique et déplaisant dont le paroxysme est la crise d'angoisse.

Cette découverte est géniale car il suffit souvent quand on en ressent les prémisses de se poser la question : « une partie de moi peut-elle désirer ce que je redoute », pour voir émerger en conscience un désir archaïque, souvent très kleinien, auquel on peut dès lors aisément renoncer à la première personne du singulier, et ainsi sortir du freeze, même en maugréant.

J'adore le plaisir jubilatoire, initialement un brin choqué, un poil coupable, des personnes qui viennent me voir à qui j'ai appris ce truc et qui s'en servent ensuite avec bonheur….

CICATRISER

J'ai rencontré l'EMDR dans les dernières années de ma pratique. Et ce qui m'a incroyablement surpris était le décalage entre sa finesse et son efficacité thérapeutique d'une part et les lacunes théoriques et ses gimmicks marketings d'autre part.

Cela m'a conduit à simultanément promouvoir et critiquer (sur le réseau des praticiens formés) cet outil qui devrait faire partie de l'arsenal de tout thérapeute. Les textes qui suivent témoignent de cette double position

Qu'est-ce que l'EMDR ?

Qu'est-ce que l'EMDR ?

L'EMDR, acronyme anglais signifiant *Eye Movement Desensitization and Reprocessing*, que l'on peut traduire par " Retraitement et Désensibilisation par Mouvement Oculaire ", est une technique psychothérapique conçue à la fin des années 1980, en Californie, par Francine Shapiro. On en parle depuis quelques mois en France en raison de l'impact du best seller *Guérir* de David Servan-Schreiber, psychiatre, qui décrit cette technique. C'est lui également qui a mis en place en France l'Institut de formation EMDR où il forme des psychiatres et des psychologues ayant déjà une expérience de la psychothérapie de plus de trois ans.

Incrédulité et curiosité

L'attitude initiale la plus saine face à cette technique est double : incrédulité et curiosité. Incrédulité car qui ne douterait pas d'une technique qui prétend soulager rapidement des traumatismes psychologiques aussi graves que des viols, des accidents, des agressions ? Curiosité quand on prend acte de l'effort de théorisation mais également de validation scientifique de cette technique, associé à l'enthousiasme des professionnels qui la mettent en œuvre. Je ne rédigerais pas cette présentation si l'EMDR n'avait pas décuplé l'impact de ma pratique.

Naissance de l'EMDR

La spécificité d'une technique psychothérapique est toujours liée aux conditions de sa naissance. L'EMDR a été conçue par Francine

Shapiro à la suite d'une expérience personnelle : celle de l'apaisement ressenti alors qu'elle luttait contre un cancer après avoir effectué de façon fortuite des mouvements oculaires rapides. Cette découverte l'a conduite à tester ce mécanisme auprès d'autres personnes souffrant d'Etat de Stress Post-Traumatique (en anglais PTSD, Post-Traumatic Stress Disorder) - notamment des vétérans de la guerre du Vietnam - puis à affiner progressivement un protocole essentiellement constitué d'emprunts à d'autres techniques psychothérapiques.

Souci clinique, démarche scientifique

Il faut souligner le fait que chez Francine Shapiro, c'est la démarche empirique centrée sur la maximisation de l'impact thérapeutique qui prime quand elle crée ce protocole et quand elle continue à le développer aujourd'hui. Mais l'absence actuelle de traduction de ses textes ne permet pas au public francophone de percevoir que ce souci clinique est associé à un soin méticuleux de validation scientifique par des études contrôlées, par l'intégration des résultats de ces études dans l'actualisation du protocole et par la tentative de concevoir un modèle théorique cohérent conscient de son caractère provisoire.

Remise en cause du premier modèle

A titre d'exemple, la première théorisation de la pratique de Francine Shapiro fondée sur son expérience personnelle l'a conduite à émettre l'hypothèse que les mouvements oculaires étaient le mécanisme principal d'activation de la désensibilisation du traumatisme. Son modèle, alors très comportementaliste, tentait d'établir des liens entre la stimulation alternée des hémisphères cérébraux, le mouvement rapide des yeux pendant le sommeil et les mécanismes d'intégration émotionnelle dans la mémoire à long terme qu'étudient les neuropsychologues (inscriptions limbiques / corticales).

Mais très rapidement, des premières études ont montré que l'on pouvait remplacer les mouvements oculaires par des tapotements alternés sur les mains des consultants posées sur leurs cuisses ou par des sons sollicitant oreille droite et oreille gauche. Puis d'autres études ont montré que le mouvement alterné n'était pas nécessaire pour obtenir des résultats tout aussi soulageants.

L'EMDR, ce n'est pas le mouvement des yeux

Shapiro s'était-elle trompé depuis le départ, puisque ce qui était annoncé comme spécifiquement nouveau dans l'EMDR, le Eye Movement, ce mouvement des yeux qui évoque le pendule des hypnotistes du XIXème siècle, ne pouvait plus être considéré comme le déterminant thérapeutique du protocole ? L'EMDR ne serait-elle qu'un effet de mode reposant sur du placebo et un habillage californien de techniques cognitivo-comportementalistes ?
Il est fort probable que certains points de cette question légitime ont cours dans l'impact actuel de la procédure. L'ethnopsychiatrie et l'histoire de la psychopathologie ont montré à quel point chaque société et chaque époque secrètent les procédures psychothérapiques légitimes qui leur sont propres.
Mais qui a fait l'expérience de l'EMDR, qui l'a mise en pratique auprès de personnes souffrant de traumatismes graves sait que cette hypothèse ne suffit pas à réduire ce dont il est question dans cette technique.
On se trouve pourtant dans la situation paradoxale où une technique se répand en raison de l'impact médiatique d'un sigle et d'un geste qui pourtant ne désigne plus adéquatement son objet de l'aveu même de son auteur

Un agencement astucieux d'emprunts validés

Ce qui, de mon point de vue, fait la spécificité et le mérite de l'EMDR, c'est l'intégralité de son protocole qui n'est autre qu'un

agencement astucieux de techniques empruntées à d'autres
psychothérapies parmi lesquelles :

- Les thérapies cognitivo-comportementales dans l'utilisation
  d'échelles et la verbalisation des croyances positives et
  négatives sous-jacentes.
- La gestalt dans l'insistance sur le ressenti émotionnel et
  corporel dans l'ici et maintenant de la séance.
- L'hypnose ericksonienne dans l'extrême soin apporté à la
  communication suggestive et dans l'utilisation de techniques
  d'imagerie guidée.
- La psychanalyse dans la sollicitation d'associations libres
  rendues fluides par le court-circuitage de censures ou
  rationalisations conscientes.

Pour comprendre en quoi la richesse et la puissance de l'EMDR
tiennent à l'intelligence de la combinaison d'autres techniques, il faut
décrire le déroulement d'une séance.

Premières séances et indications

On ne pratique jamais d'EMDR dès la première séance. Quelques
séances d'entretien traditionnel sont requises pour évaluer le contexte
de la souffrance du consultant, son histoire, la nature de ses
symptômes. C'est à partir de ces informations qu'est évaluée la
pertinence d'utiliser ou non l'EMDR dont l'indication principale est
le traitement de chocs émotionnels. Il peut s'agir de traumatismes
graves mais également d'une succession de chocs moins importants
qui deviennent pourtant invalidants du fait de leur accumulation. De
nombreux symptômes névrotiques, psychosomatiques ou d'addiction
sont également la conséquence de chocs émotionnels. L'annonce
d'une maladie, certaines interventions chirurgicales peuvent créer, en
elles-mêmes, des traumatismes psychiques qui réduiront, s'ils ne sont
pas traités, les ressources de la personne dans son processus de
guérison. Les personnes dont les symptômes sont franchement
dissociatifs, les personnes souffrant de psychose seront orientées
vers d'autres techniques.

Lieu sûr et signal d'arrêt

Après avoir expliqué le protocole au consultant, la première étape consiste à installer un " lieu sûr ". Il s'agit d'une technique d'imagerie guidée d'ancrage des perceptions sensorielles et internes associées au lieu où le consultant se sent le plus en sécurité. Ces sensations sont associées à un mot inducteur. La procédure d'ancrage permet de tester les mouvements oculaires ou les tapotements alternés pour évaluer la technique d'attention conjointe privilégiée par le consultant et pour optimiser son confort.

Il lui est ensuite rappelé que pendant tout le déroulement de la séance, il conserve le contrôle puisqu'il peut par un signal d'arrêt interrompre à tout moment le protocole, le thérapeute le ramenant alors dans son lieu sûr. Ce signal d'arrêt n'est qu'exceptionnellement utilisé mais sa possibilité soulage le consultant qui a des raisons légitimes d'appréhender la sollicitation de souvenirs traumatiques.

La cible : passé, présent et futur

L'étape suivante consiste en effet à se choisir une " cible ". Il s'agit le plus souvent d'une scène traumatique passée mais il est également possible de travailler sur une situation perturbante présente (crise d'angoisse ou phobique notamment). Lorsque les scènes passées à l'origine du trouble ont été traitées, il est même possible de travailler sur des scènes situées dans le futur. Une femme violée peut par exemple avoir apaisé son rapport à l'événement traumatique, mais redouter de croiser la famille de son agresseur dans la rue, ce qui handicape et autolimite son quotidien. Une séance d'EMDR pourra ainsi s'effectuer sur une scène cible où elle s'imaginera rencontrer ces personnes.

La cible ayant été choisie, la technique consiste à la solliciter sur quatre registres différents : perceptif, cognitif, émotionnel, corporel.

Registre perceptif de la cible

Pour le registre perceptif, il est demandé au consultant de prendre comme une photographie du pire moment de la cible et d'en décrire les perceptions encore prégnantes. Il peut s'agir d'images mais également de sons, d'odeurs, de sensations tactiles ou gustatives.

Registre cognitif de la cible

La sollicitation du registre cognitif emprunte beaucoup aux techniques cognitivo-comportementalistes. Cette étape est la moins facile à appréhender pour des thérapeutes formés dans la tradition analytique. C'est pourtant celle qui me semble capitale pour l'impact du protocole. Il s'agit de faire formuler au consultant la croyance négative qui se rattache à la scène et qui reste encore vraie aujourd'hui. Cette croyance s'énonce sous la forme d'une petite phrase commençant par " je " au présent de l'indicatif et qui caractérise le consultant de façon manifestement excessive et inadéquate au temps de la séance. Le plus souvent ces croyances sont sur le registre de la maîtrise (je suis impuissant), de la valeur (je ne mérite pas de…), de la sécurité (je ne peux pas me protéger), ou de la culpabilité (je suis coupable). Ces croyances négatives fonctionnent comme des autosuggestions limitantes qui rationalisent le rush incontrôlé des émotions qui surgissent comme en boucle à chaque fois qu'une situation entre en résonance avec le traumatisme initial. On demande ensuite au consultant par quelle croyance positive inverse il veut remplacer la croyance négative. On lui demande d'évaluer cette croyance positive sur une échelle de véracité de 1 à 7 où 1 est tout à fait faux et 7 tout à fait vrai, en laissant de côté les pondérations intellectuelles. Si les cognitions ont été correctement formulées, la croyance positive, à cette étape, ne doit pas dépasser 3 ou 4. La formulation des deux croyances et la tonalité de la scène cible doivent être congruentes, participer de la même thématique. Si une cible contient plusieurs thématiques, chacune fera l'objet d'une séance spécifique.

Registre émotionnel de la cible

Pour le registre émotionnel, on demande quelle est l'émotion rattachée à la scène et son intensité sur une échelle de perturbation de 0 à 10 où 0 est tout à fait serein et 10 l'intensité la plus épouvantable que l'on puisse imaginer. Si au départ, l'utilisation des échelles peut paraître un peu ridicule car scolairement connotée, elle s'avère avec l'expérience un outil très précieux pour mieux appréhender l'impact subjectif d'une cible. Ainsi de nombreux consultants vont annoncer d'une voix neutre qu'ils ressentent à une intensité de 10 une scène que le thérapeute aurait anticipée à 6-7. Cela change du tout au tout l'implication et le soutien du thérapeute dans la suite de la séance.

Registre corporel de la cible

Pour le registre corporel de la cible, on demande au consultant où se situe son émotion. Il est très surprenant de constater l'immédiateté et la certitude des réponses à cette question " naïve ". Le corps fournit des indices de rappel mnésique cruciaux et c'est souvent la sollicitation de ce registre qui conduit les chaînes associatives vers la représentation douloureuse.

Court-circuiter les processus d'évitement, solliciter les indices non-verbaux

Les psychothérapies reposent essentiellement sur des échanges de mots. Mais le plus souvent, les représentations psychiques à l'origine du trouble ne sont pas verbales. Leur retranscription en mots nécessite un travail d'intellectualisation qui, parce qu'il est contrôlé, fonctionne dans l'évitement du douloureux - processus on ne peut plus normal. La grande intelligence du protocole EMDR tient à ce qu'on sollicite le consultant sur des associations de représentations qui ne sont pas nécessairement verbales (Quelles émotions, quelles sensations viennent ? Où sont-elles localisées dans votre corps ?) et empêche les rationalisations contrôlées de se mettre en place par une activité conjointe avec le thérapeute (mouvements oculaires ou tapotements alternés) qui sature l'empan attentionnel. Cela rend les associations libres extraordinairement plus fluides que celles que l'on peut rencontrer dans une séance analytique ou d'inspiration analytique. Pour qui en a l'expérience, on a souvent le sentiment d'assister à une analyse accélérée.Le court-circuitage des processus d'évitement permet aux consultants d'aborder les éléments les plus douloureux de leur histoire, qu'ils évoquent souvent pour la première fois. Il ne s'agit pourtant pas de les replonger directement dans leur traumatisme, ce qui serait totalement inadéquat. Pour se prémunir de cela, on sollicite un état d'attention double qu'on illustre par la métaphore du paysage (la cible) qui défile lorsque l'on prend le train : laisser venir les associations en les laissant passer tout en restant présent avec le thérapeute. La proximité physique du thérapeute, requise pas les mouvements oculaires ou les tapotements, joue aussi un grand rôle de soutien lors de l'émergence des représentations ou des émotions les plus difficiles.

Cœur du protocole

Le consultant a donc une cible multimodale (perceptive, cognitive, émotionnelle, corporelle) qu'il fait revenir devant lui. Le thérapeute lui demande d'associer librement en laissant venir quoi qu'il vienne, en précisant qu'il a besoin du feedback le plus sincère (il peut ne rien venir). Le thérapeute effectue alors une série de mouvements d'attention conjointe (oculaire ou tapotement) de rythme et de durée variable pendant lesquels le consultant ne parle pas. C'est après la série qu'on lui demande ce qui est venu. Le thérapeute ne commente ni n'interprète, il peut faire préciser, soutient dans le processus. Le consultant est invité à respirer profondément avant chaque nouvelle série, à faire un " blanc " psychique, notamment si les émotions sont fortes, puis à continuer avec ce qui vient.

Désensibilisation et retraitement de l'information

Au bout d'un moment, la chaîne associative ne donne plus rien ou alors survient une représentation franchement positive. Le consultant est alors invité à revenir à la cible. Une nouvelle chaîne associative s'ouvre, et ainsi de suite.

Lorsqu'il ne vient plus rien ou seulement du positif, le thérapeute demande au consultant d'évaluer sur l'échelle de perturbation de 0 à 10 la cible initiale. La nature de cette dernière a en général changé. Les ressources adéquates, fonctionnelles, adaptées du consultant se sont enfin connectées avec les restes jusque là non intégrés du traumatisme. L'objectif de la thérapie est que l'intensité soit à 0. Si elle reste élevée, l'hypothèse la plus plausible est que la scène initiale est alimentée par une autre scène, un autre contexte. Si l'intensité est faible, le thérapeute demande ce qu'il faudrait pour qu'elle soit à 0 et de nouvelles séries d'associations sont ouvertes jusqu'à ce que ce soit le cas.

L'utilisation d'une échelle est là encore d'une très grande aide pour évaluer l'évolution et les changements induits par la séance. Parfois, pour des raisons de temps (une séance d'EMDR dure généralement une heure et demie), la séance est interrompue.

Croyance positive : ancre et phare

Lorsque l'intensité est à 0, le thérapeute demande au consultant si les mots choisis pour formuler sa croyance positive sont adéquats ou si d'autres seraient plus justes. Le consultant évalue sur une échelle de véracité la formulation finale de sa croyance positive. Elle est en fin de séance en général élevée. Si elle n'est pas à 7 (totalement vraie), des séries sont reprises pour explorer l'origine de l'inhibition puis pour ancrer profondément la croyance positive.

Fin de séance

On termine la séance en demandant au consultant de fermer les yeux et d'effectuer un " scan corporel " pour percevoir s'il persiste des tensions ou des sensations résiduelles liées à la cible. S'il en existe, ce seront des indices précieux pour les séances ultérieures.

Il est précisé au consultant qu'il est normal que les processus sollicités pendant la séance conservent pendant quelques heures voire quelques jours une certaine inertie. Il est ainsi fréquent que des émotions, des représentations surgissent pendant la veille et le sommeil, poursuivant ainsi le travail d'intégration initié pendant la séance. Le consultant peut en tenir un journal dont le contenu sera utile pour les séances ultérieures. Si ce qui vient est trop pénible, le consultant sait qu'il peut joindre par téléphone le thérapeute qui est toujours disponible pour ces situations, rares.

Pourquoi ça marche ?

La description détaillée du processus ci-dessus permet de saisir pourquoi cette technique est efficace :

- Elle est une combinaison très astucieuse de ce qui fonctionne dans d'autres techniques.
- En court-circuitant l'évitement, elle permet d'affronter véritablement les traumatismes.
- Elle propose un protocole très structuré qui, de ce fait, est rassurant pour le consultant, tout autant que pour le thérapeute, ce qui potentialise le dispositif de confiance.
- Elle est mise en œuvre par des professionnels déjà formés à d'autres techniques et qui ont une expérience clinique de plus de trois ans.
- Elle s'interroge scientifiquement sur son modèle sans craindre la confrontation avec des études contrôlées.

Cette efficacité peut conduire à un nombre de séances restreint.

Le Chat de Charlotte

26 octobre 2006

[Extrait d'une réponse à une question sur la liste de discussion des praticiens EMDR France sur l'utilisation du protocole avec des animaux]

– Installez-vous confortablement sur le coussin, et oui vous pouvez le pétrir, il faut que vous vous sentiez bien.

– ……

– Je vous propose de travailler sur la scène où la petite Charlotte vous a coupé les moustaches avec ses ciseaux.

– ……

– Bien, quelle est la perception prégnante dans cette scène ?

– ……

– La cognition négative ?

– …….

– La cognition positive ?

– …….

– Et vous l'évaluez à combien ?

– …….

– Quelle est l'émotion attachée à cette cible ?

– …….

– Quelle est son intensité sur une échelle de perturbation de 0 à 10 ?

– …….

– Et vous la sentez où dans votre corps ?

– …….

– Bien, on ne peut pas dire que la cible soit très détaillée mais ce n'est pas grave, vous n'êtes pas obligé de tout me dire. Je vous rappelle que cette fois, c'est vous qui contrôlez, on peut arrêter à tout moment. Il suffit de gratter à la porte pour que je vous ouvre. C'est notre signal d'arrêt.

– grat grat grat

– Ah ? Vous voulez sortir tout de suite ?

– ronronronronron

– Je me demande si je n'aurai pas du faire du renforcement de ressources d'abord… Je n'y suis quand même pour rien si je n'ai pas pu faire passer une échelle de dissociation ! La prochaine fois, j'essaierai avec les vibreurs sans fil !

« Charloootttte ! Arrête de jouer et viens mettre la table ! »

Je me demande combien de temps encore il faudra dire et répéter que l'EMDR n'a rien à voir avec les yeux.

Ce n'est pas moi qui le dit.

C'est Shapiro.

C'est officiel. C'est imprimé. C'est diffusé.

Et au moins depuis 2002. Donc au moins depuis 4 ans.

Rien à voir avec les yeux. Et rien à voir avec des stimulations bi-focales. Gasp !

L'EMDR est un protocole génial. Mais il n'a rien à voir avec son gimmick, ses gizmos, son logo.

Le dire et le répéter ne lui enlève rien. Tout au contraire.

Ce qui pourrait lui enlever quelque chose, le décrédibiliser, le renvoyer à la liste des thérapies sympathiques, alternatives et naïves, ce serait de continuer à croire ou à propager un modèle qui a été falsifié (au sens poppérien) par sa fondatrice depuis plusieurs années. Ce qui fait – aussi – toute la valeur de Shapiro, c'est sa démarche scientifique. On teste, on hypothèse, on reteste. On se trompe. On le reconnaît. On re-hypothèse.

Ci-dessous une partie du paragraphe majeur du livre EMDR as an Integrative Psychotherapy Approach, recueil de textes édités et introduits par Francine Shapiro aux éditions APA en 2002.

____

« Since that time, EMDR therapists have discovered that various types of dual-attention stimulation such as hand taps and tones are capable of have the same effects. In fact, there is a good possibility that the primary common denominator is the attentional element rather than any particular muscle movement. Therefore, the name eye movement desensitization and reprocessing is unfortunate in many ways. The terme eye movement is unduly limiting, and the same can be said for the term desensitization » (p. 28)

Proposition de traduction :
Depuis lors, les thérapeutes EMDR ont découvert que différents types de stimulation bi-attentionnelle comme le battement avec les mains ou les sons, sont capables d'obtenir les mêmes effets. En fait, il existe une grande possibilité que le dénominateur commun primaire est l'élément attentionnel plutôt qu'un mouvement musculaire particulier. Par conséquent, l'appellation « Désensibilisation et Retraitement par Mouvement Oculaire » est malheureux de bien des façons. Le terme « mouvement oculaire » est indûment limitant, et la même chose peut être dit pour le terme « désensibilisation ».

Le mot clé est « dénominateur commun primaire ». Voilà la vraie question : quel est le rationnel, quel est le spécifique de l'EMDR ?
Et puis la question bis qui en découle : pourquoi continuer, autrement que pour des raisons marketing ou tribales, à appeler EMDR une technique qui n'a rien à voir avec les mots censés le symboliser, le représenter ? N'est-ce pas tromper et témoigner d'une position de faiblesse que de continuer à appeler « Schtroumpf » quelque chose dont on sait qu'il n'a rien à voir avec du « Schtroumpf » ? Est-ce que l'exigence éthique de sérieux et de science n'implique

pas de renommer le protocole ? Le public ne s'y tromperait pas, bien au contraire.

Je compte proposer au comité du prochain congrès une intervention sur ce thème.

Eppur, si muove !

26 octobre 2006

[Quelques réponses à des messages suscités par mon précédent message]

Argument 1 : « Eppur, si muove ! »

« Qu'as-tu donc mécréant, renies-tu le dogme de ton église ? La terre serait ronde et flotterait dans le vide ? Ne crois-tu donc pas ce que tu vois ? »

Jacques, Guy, merci de ne pas me ranger du côté des méchants incrédules ou infidèles qui nieraient, par manque d'expérience, de cran ou de talent, l'efficacité du protocole.

Oui le protocole marche. Oui il est efficace de façon époustouflante et permet de guérir et de guérir définitivement des symptômes post-traumatiques de toutes natures. Oui, plusieurs fois dans la semaine, on a, comme thérapeute, les yeux brillants de joie grâce à l'EMDR.

La question que je pose, la seule qui m'intéresse est : quelle est la spécificité de ce protocole qui permet d'expliquer son efficacité ? Que fait-on exactement quand on le met en œuvre ?

Une théorie fausse peut-elle guérir ?

Oui ! C'est même l'histoire et l'universel du soin. Les millénaires passés en sont le témoignage constant. C'est bien la raison pour laquelle l'énoncé fier d'un mur de trophées ne peut être retenu comme preuve.

Oui ça marche, mais comment ?

On sait déjà que les yeux n'y sont pour rien car d'autres stimulations sensorielles obtiennent les mêmes résultats.

Au passage, l'acceptation de ce point – évidence aujourd'hui, hérésie il y a quinze ans ? – met fin au mythe originaire de l'EMDR que je continue pourtant, comme mythe, à raconter à mes patients : non Francine Shapiro n'a pas soulagé l'angoisse de son cancer grâce aux mouvements oculaires provoqués par les grilles de Central Park. Si elle avait eu un pager et un téléphone portable en mode vibreur dans chaque main, ou un walkman détraqué, elle aurait peut-être pu tout aussi incidemment « découvrir » ailleurs ce qui cicatrise psychiquement. Et nous pratiquerions alors la VDR (V pour vibration) ou la SDR (S pour sound).

Toute collectivité se construit autour de mythes, et les tribus thérapeutiques se structurent régulièrement dans le mythe thérapie-gonique de la menace fatale puis de la renaissance inespérée du fondateur héroïque grâce à un geste fortuit qui deviendra l'emblème de la tribu.

Enoncer que l'EMDR n'a rien à voir avec les yeux a donc forcément une charge iconoclaste non nulle. J'en ai conscience. Mais à nouveau, ce qui m'intéresse, très pragmatiquement, est : quelle est la spécificité du protocole qui permet d'expliquer son efficacité ? Que fait-on exactement ?

Argument 2 : la démocratie c'est l'alternance

« Bon sang, mais qui a retiré la prise ? Pépé, donne un coup de manivelle pour démarrer l'alternateur ! »

Si la spécificité ne vient pas des mouvements oculaires, vient-elle des stimulations bilatérales alternées ?

L'intuition forte et le parcours de Jacques et Guy leur font répondre que oui.

C'est possible. Je pense qu'en effet, cette stimulation joue un rôle dans le protocole même si je ressens qu'il est marginal et que l'actuelle explication neurologique proposée pour en rendre compte est fausse.

Mon sentiment est que cette question est aujourd'hui moins scientifique que politique, groupale. Si l'EMDR, ce n'est plus les yeux, alors il lui faut impérativement trouver une spécificité « visible », « comportementale », qui la différencie d'autres techniques thérapeutiques.

Nous existons de nos identités sociales et l'on se pose en s'opposant, dans la différenciation. Pour que l'EMDR existe comme technique légitime et distincte, il faut qu'elle soit différente des autres. Et si ce n'est plus par les yeux, c'est nécessairement par la généralisation du principe des mouvements oculaires, c'est-à-dire par les stimulations bilatérales alternées.

Retirer cette marque distinctive au protocole, ce serait lui retirer toute spécificité.

Ce bon vieux Marx est peut-être ici utile pour éclairer la nature politico-économique de l'enjeu. Car tous, nous existons aussi financièrement de nos identités sociales. L'EMDR est une thérapie géniale, certes, mais on pourrait également l'appréhender comme sources de revenus individuels et collectifs, comme trademark en conquête de parts de marché.

Il a été question d'archaïque. Oui, nous sommes des primates. Nous ne nous sentons bien que dans de petites tribus. Nous avons besoin de tribus. Parce qu'il est plus facile de s'y faire une place, d'y jouir d'un statut. L'histoire des psychothérapies peut être vue comme une déclinaison dans le champ de la fonction sociale du soin, de notre besoin primate de tribus.

Remettre en question la spécificité symbolique de la tribu peut donc être ressenti comme le germe de la dissolution du groupe.

Il ne faut pas rigoler avec une question pareille. C'est un coup à s'exposer à l'excommunication.

Alors, l'EMDR est-elle distincte ? Oui. Mais pas dans les stimulations bilatérales alternées.

Ouf.

Argument 3 : le coup du garagiste

–   Pourriez-vous m'aider, ma voiture ne démarre pas.

–   Oula ! Vous avez un gros problème de bougies d'allumage, madame.

–   Ah bon ? Il va falloir les changer ?

–   Oui, sur un moteur Diesel, il faut les changer à chaque visite. Et c'est des bougies spéciales qui coûtent cher. On ne vous l'avait jamais dit ?

–   Si si, j'ai dû oublier.

A chaque fois que j'entends une référence à la neurobiologie pour justifier un modèle thérapeutique, je ne peux m'empêcher de penser à cette sensation que l'on a chez le garagiste. On connaît le principe : l'essence fait une petite flamme qui pousse un truc, qui enclenche un machin qui fait avancer la voiture. On sait qu'il y a un truc. On sait qu'il pousse le machin. On le sait puisque la voiture : elle marche.

En neurobiologie, c'est tout pareil. Il suffit de passer devant le rayon triperie de son supermarché pour confirmer qu'en effet, le cerveau se sépare bien en deux.

–   C'est quoi le troisième bout qui traîne dans la boîte ?

–   Le cervelet, monsieur.

–   Ca sert à quoi ?

–   Oh là, monsieur, je suis boucher chez Leclerc, pas neurochirurgien au CHU ! Je vous conseille quand même une petite persillade.

Si l'on passe un peu de temps, un tout petit peu de temps, à lire des articles de fond sur la neurophysiologie du trauma, on est stupéfait. D'abord stupéfait de notre ignorance. Au fond, on ne sait pas grand-chose.
Ensuite stupéfait du caractère ouvert et contradictoire des hypothèses actuelles.

Prenons l'axe hypothalamo-hypophyso-surrénalien [ça en jette autant qu'un turbo GTI, einh ?]. Et bien, qui irait trancher aujourd'hui entre l'hypothèse hypocorticaliste, l'hypersensibilité de l'axe ou sa modulation psychogénique ? Vous me suivez ?

Prenons, l'hippocampe, « mémoire froide » : le trauma réduit-il son volume ou bien induit-il un dysfonctionnement sans réduction de volume ? Mais j'y pense, c'est quoi cette histoire de bougies dans un diesel ?

Prenons le système nerveux autonome en jeu dans les réponses à l'agression (fight, flight, freeze) et le rôle clé de détecteur de menaces joué par l'amygdale, « mémoire chaude ». Vous pourriez me dire en quoi la droite et la gauche ont quelque chose à voir avec la modulation de la réponse de ce système par le néo-cortex ? Quoi ? Vous prenez votre voiture tous les jours et elle marche ?

Dans ce cas, inutile de vous parler du système glutamatergique ni de la séparation de la fonction de contrôle exécutif entre un module de volition (cortex préfrontal dorso-latéral ?) et un module de monitoring de conflit (cortex cingulaire antérieur ?). Alors vive la marche à pied : droite, gauche, droite, gauche… Les philosophes péripatéticiens sont-ils des ancêtres shapiriens ?

On est stupéfait enfin, mais cette fois-ci franchement, devant la candeur des chercheurs et de leurs protocoles expérimentaux. Autant d'intelligence, de moyens, de rigueur, de respect scrupuleux d'une démarche validée et cet aveuglement massif : non l'être humain n'est pas un objet. Oui il réagit. Oui il anticipe. Oui il se fait un modèle de ce que l'on attend de lui. Nous voulons tous, toujours être de bons sujets pour faire avancer la science. Dans aucun des articles que j'ai lus je n'ai trouvé de référence aux effets d'influence du cadre de l'expérience (Effet pygmalion de Rosenthal, Demand Characteristics de Orne). Ceux qui pensent contourner l'obstacle par le double-aveugle (et encore : sur quel nombre de sujets !) n'évoquent jamais cette question élémentaire à poser aux sujets de l'expérience : quelle représentation vous faites-vous de cette expérience ? Que pensez-vous que l'on attende de vous ?

J'ai toujours trouvé vraiment simpliste l'hypothèse selon laquelle si l'on active un module neurobiologique de façon bilatérale alors nécessairement, par effet d'inertie, il activera d'autres liaisons bilatérales même s'il n'y a pas de rapport fonctionnel entre les modules. Un mouvement oculaire et shake shake shake la mémoire. Une tapotement et shake shake shake les émotions. Une perception auditive et shake shake shake les somatisations.

Je ne rejette pas l'hypothèse. Je dis juste qu'elle provoque chez moi la même sensation que celle que j'éprouve chez le garagiste.

Comment ça sur certains modèles diesel, il y aurait des bougies de post-chauffage ????!!!

« Kevin, arrête de secouer Arthur au fond de la classe comme ça. Non l'EMDR, ça ne marche pas de cette façon ».

Argument 4 : Cédule de citation

« Madame, Monsieur, saviez-vous que les yaourts à la viande Gloubi ont été élus produit de l'année (source médiacharcu, Brunei, 1979, p. 458) ? »

Puisqu'il y a débat, je propose d'éviter dans la mesure du possible les arguments de type « citation vaut preuve ». Et pour ce faire :

a) De ne citer que ce que l'on a lu de première main.

Ce n'est pas parce qu'un article est publié, y compris dans une revue sérieuse, que l'article est vrai. Ce n'est pas parce qu'un article est cité dans un ouvrage qu'il est vrai. Une référence n'est pas toujours une référence. J'ai appris à devenir franchement incrédule à force de lire des articles dont l'abstract était alléchant mais les allégations douteuses, le protocole approximatif, la démonstration inexistante.

b) De ne citer que ce qui est effectivement accessible.

Jacques, je suis prêt à prendre le temps de lire toutes les références que vous mentionnez. Je propose qu'EMDR-France se constitue une base de données des articles capitaux auxquels un petit psy de province comme moi ne peut pas avoir accès seul.

c) De prendre en considération la date de publication.

L'intérêt d'un auteur est lié à sa capacité à reconnaître ses erreurs, à améliorer, par falsification poppérienne, son modèle. Par conséquent, quand un auteur pose une hypothèse B en 2004 qui contredit et affine son hypothèse A de 2002, alors convenons de prendre en considération l'hypothèse B, elle-même provisoire…

Argument 5 : Coke, parce qu'y en a pas dedans !

Minutes d'une réunion récente du bureau exécutif d'une société psychanalytique.

– Tout d'abord merci d'avoir choisi notre cabinet de consulting pour trouver un nouveau sigle et une nouvelle charte de communication pour votre société actuellement en perte de vitesse. Après une étude minutieuse, nous vous proposons de renommer votre thérapie : ZAP(tm)

– ZAP ? Mais qu'est-ce que ça veut dire ?

– Zygomatique Accélérant le Processus ! C'est frais, c'est jeune, c'est très « ding food » !

– Ding food ?

– Voyons, vous ne connaissez pas la « ding food » ? La nourriture qui se mange après réchauffage dans un four micro-onde qui fait « ding » ? Donc, ZAP(tm) est en parfaite synchronie avec l'esprit du temps, ce renommage va faire un malheur. Je vois déjà la une de « Elle » et du « Nouvel Obs ». Vous allez enfin récupérer vos parts de marché.

– Mais quel est le rapport entre la libre-association et les Zygomatiques ?

– Aucun, mais vous devez donner une image positive et le mot zygomatique est suffisamment technique et scientifique pour épater vos clients.

L'argument cité par Shapiro pour justifier du maintien de la mauvaise appellation est purement marketing.

Citer Coca-Cola et AT&T comme modèle de référence pour un protocole thérapeutique soignant les traumas me crispe un brin.

L'unique raison du maintien du nom est donc tribal ou frileux : on comprend qu'on n'ait pas envie de claironner qu'on s'est trompé sur son hypothèse principale initiale.

Il y a pourtant une valeur qui me semble irréductiblement attachée à notre position : l'authenticité. Je ne peux pas me reconnaître dans un étendard que je sais illusoire. Certains symboles sont importants. Ce serait démontrer de façon magistrale l'attachement des praticiens EMDR à l'authenticité et à la science que de prendre au sérieux l'inadéquation de son appellation et d'en changer.

Proposition V 0.6 : « Pourquoi ça marche »

« Tu critiques, tu critiques, tu critiques, mais qu'est-ce que tu proposes ? »

Arf, je me rends compte que si je me lance, j'en ai encore pour 5 pages.

Donc pour faire court et dans la perspective d'une argumentation détaillée à venir.

L'EMDR marche de mon point de vue parce que :

1)   C'est un dispositif de soin qui a acquis une taille suffisamment grande en terme de légitimité sociale.

2)   C'est un dispositif de soin encore alternatif avec une aura encore magique. Hypothèse : il perdra de son efficacité s'il devient mainstream.

3)   Il réunit en un seul protocole des séquences thérapeutiques validées et expérimentées par d'autres techniques. Notamment :

a.   Les états modifiés de conscience. « Relaxation » ou hypnose ericksonnienne légère (lieu sûr, rayon de lumière, enjeu de la respiration, métaphores, rhétorique d'influence : on annonce ce qui va arriver)

b.   L'association libre analytique

c.   L'ici et maintenant, l'attention aux émotions et au psychocorporel des gestaltistes

d.   La rhétorique d'influence et l'attention au feedback des TCC (échelles, convictions)

e.   L'approche rogerienne centrée sur la personne (authenticité, empathie, chaleur)

4)   Le protocole est contenant et permet donc de se connecter au cœur du trauma sans être happé par lui grâce :

a.   A la proximité physique du thérapeute.

b.   A l'attention conjointe provoquée par les stimulations sensorielles. Le rythme des stimulations est un rappel permanent de cet accompagnement.

La spécificité du protocole vient donc non d'un des éléments mais de la combinaison de tous ces éléments.

Les stimulations bilatérales alternées ne sont de mon point de vue qu'une façon :

•   D'induire un état modifié de conscience (le pendule est la technique privilégiée du 19ème siècle) qui active le module de monitoring des conflits (Cf, le modèle de l'hypnose de Woody & Sadler, (2006), "Dissociation Theories of Hypnosis", à paraître dans M. R. Nash & A. J. Barnier (Eds.), The Oxford handbook of hypnosis. Oxford: Oxford University Press.)

•   De saturer l'empan attentionnel de stimuli non verbaux qui activent le registre psychocorporel et donc l'orientation de l'attention sur ce champ. Cette saturation relative inhibe l'activation de certaines défenses et censures, ce qui explique la fluidité des associations. Le phénomène est donc attentionnel et sans rapport avec la bilatéralité.

•   De constituer une suggestion gestuelle de transformation, d'activation.

•   D'être un rappel constant de la présence et de l'accompagnement guidant du thérapeute.

Les déterminants-clés potentialisant le protocole sont pour moi :

–   La capacité de contenance et d'empathie chaleureuse et confiante du thérapeute

–   Sa capacité à repérer des indices émotionnels ou psychocorporels non verbaux

–   Sa capacité à reconnaître et utiliser les états modifiés de conscience

–   Son expertise dans l'art polymorphe de l'influence

Ces déterminants ne sont pas spécifiques à l'EMDR.

Personnellement, je rêve d'un futur où il n'y aura plus des psychothérapies éparpillées en tribus néolithiques mais une psychothérapie intégrée scientifique qui se sait donc provisoire.
Le protocole et la démarche de Shapiro m'apparaissent comme une étape majeure de ce futur.

Chaleureusement

Stéphane Barbery

L'EMDR, une thériaque ?

24 décembre 2006

[Extrait d'un message posté sur la liste interne d'EMDR-France]

L'efficacité clinique de l'EMDR fait que nous n'avons rien à craindre d'un questionnement contradictoire de fond sur son rationnel.

Peut-être ce questionnement conclura-t-il au caractère non spécifique du mode opératoire au-delà de son subtil et si chouette agencement d'emprunts reconnus. Je comprends que cette hypothèse puisse faire peur car elle retirerait une partie de son aura au protocole et dissoudrait un peu notre totem tribal, notre identité groupale, avec tous les enjeux de pouvoir interne et de légitimité externe que cela implique. Mais ce risque sociologique doit-il primer sur l'exigence de vérité et la nécessaire compréhension du mécanisme à l'œuvre dans notre pratique ?

Si j'applique un protocole de soin sans le comprendre, suis-je différent d »un guérisseur traditionnel, d'un shaman, d'un féticheur dont l'ethnopsychiatrie a aussi montré l'efficacité ? Puis-je aider au mieux les personnes que je reçois en optimisant l'élément actif du traitement si je n'en connais pas la nature ?

C'est dans ce contexte que j'ai lu avec beaucoup d'intérêt l'article de David Servan-Schreiber et ses collègues J Schooler, M.A. Dew, C. Carter et P. Bartone (« EMDR for Posttraumatic Stress Disorder : a pilot, blinded, randomized study of stimulation types », Psychotherapy and Psychosomatics, 2006 ;75 :290-297) qui a gracieusement été mis à notre disposition et dont les conclusions sont :

« There are clinically signifiant effects of the EMDR procedure that appear to be independent of the nature of the kinesthetic stimulation used. However, alternating stimulation may confer an additionnal benefit to the EMDR procedure that deserves attention in future studies. »

Proposition de traduction : « il y a des effets cliniques significatifs de la procédure EMDR qui apparaissent être indépendants de la nature de la stimulation kinesthésique utilisée. Toutefois, la stimulation alternante pourrait conférer un bénéfice additionnel à la procédure EMDR qui mérite une attention dans le cadre de prochaines études ».

En clair : l'EMDR n'a rien à voir avec les yeux (les mouvements oculaires n'ont pas été utilisés dans cette recherche) et la stimulation bilatérale alternée n'est pas nécessaire pour produire un effet thérapeutique (elle « pourrait conférer un bénéfice additionnel »).
Quoi ? Ah bon ? Vous êtes sûr ? Et c'est David qui écrit et publie cela ? Mais qu'allons-nous devenir ?!

Bon, mais quel rapport avec la thériaque ? Et puis d'abord c'est quoi la thériaque ?

Je ne saurais suffisament chaudement recommander la lecture de la réédition du livre de Pierre Janet « La Médecine psychologique » chez l'Harmattan.

C'est un livre drôle, fin, d'une culture époustouflante, soucieux de questions qui sont celles de notre quotidien de cliniciens (qu'est-ce qui guérit en thérapie ?), rigoureux, inspirant.
Page 64 de ce livre, on trouve le paragraphe suivant :

« On peut rappeler à ce propos de ces psychothérapies générales le souvenir d'un vieux médicament qui a joué un grand rôle au Moyen Age, la thériaque. C'était un médicament universel que l'on pouvait employer dans tous les cas possibles, parce qu'on y faisait entrer par centaines toutes les substances actives que l'on connaissait. On faisait avaler le tout au patient dans l'espoir que la maladie, quelle qu'elle fût, saurait trouver dans ce mélange ce qui lui convenait. Les méthodes de thérapeutique que je viens d'étudier me semblent identiques à une sorte de thériaque psychologique, qui évoque pêle-mêle tous les phénomènes psychologiques, qui fait appel à toutes les opérations mentales chez tous les malades quels qu'ils soient, en espérant que chacun d'eux saura dans cet amalgame découvrir ce qui lui convient. »

L'EMDR serait-elle une excellente thériaque ? Et si c'était le cas, serait-ce un secret à taire ?

Galénique du gâteau au chocolat sans chocolat

31 décembre 2006

[Extrait d'un mail sur la liste interne EMDR-France]

D'un gâteau au chocolat qu'on peut faire sans chocolat et qui reste pourtant toujours un gâteau.

En quoi est-il « absurde » et « abusif » de ne PAS vouloir appeler « gâteau au chocolat » tous les gâteaux ?

L'argument que je vous propose est purement logique : s'il est possible de faire une séance d'EDMR en utilisant le tapping ou les sons c'est-à-dire sans mouvements oculaires, alors, l'EMDR n'a rien à voir avec les yeux. Bygones…

Je saisis bien les conséquences symboliques – en communication externe – et mythologiques – « Ah bon, l'intuition créatrice initiale de Shapiro était fausse ? » – pour notre tribu de ce constat simple. Faut-il pourtant l'ignorer parce qu'il est dérangeant dans sa simplicité même ?

Je ne comprends par ailleurs vraiment pas pourquoi vous revenez sur cet aspect après avoir justifié vous-même dans votre message du 6 décembre le changement de dénomination institutionnelle. Un changement dont l'unique objet est de faire disparaître de l'appellation… les mouvements oculaires…

D'une alternance accessoire

Résumons ce deuxième point :

– Vous dites que l'article de David Servan-Schreiber prouve que la stimulation alternée est supérieure aux autres.

– Après une lecture attentive du texte, je défends que l'article ne le prouve pas et qu'au contraire, en montrant que des stimulations non alternées ont des effets thérapeutiques similaires, il invalide l'hypothèse de la nature essentielle de l'alternance.

Le sujet n'étant pour le moins pas, lui, accessoire, si David lit cette liste, peut-il nous indiquer l'interprétation qu'il donne de ses résultats ?

Je rappellerai juste quelques aspects de cette expérience « pilote » :

– Elle repose sur 20 sujets (1 ayant été écarté après la première séance en raison de l'aggravation de ses symptômes).

– Le protocole utilise des appareils sons+vibreurs-mains modifiés afin que le thérapeute ne devine pas quel type de stimulation son patient expérimente. Il s'agit donc d'EMDR sans chocolat.

– Le protocole est modifié puisqu'une évaluation du SUD est demandée après chaque set.

– Les patients sont évalués sur trois séances de 90 minutes.

– Une analyse de la variance ne donne aucune différence significative dans le changement de SUD initial et final pour les trois types de stimuli utilisés (bilatéral alterné, bilatéral intermittent, bilatéral continu). Aucune différence non plus pour la vitesse d'évolution du SUD dans la séance (dernier paragraphe, p. 293).

– 10 sujets ont atteint un SUD de 0 ou 1 après la première séance. Ce qui leur a permis de choisir une nouvelle cible lors de la deuxième séance. C'est pour ce seul sous-groupe très spécifique qu'un traitement statistique montre qu'une stimulation bilatérale alternée apporte un gain de 3 points de SUDS *supplémentaire* et une réduction de SUD par set plus rapide.

– On ne sait rien des connaissances préalables de l'EMDR des patients (Cf. Demand Characteristics de Orne).

– Même s'ils ignorent tout de l'EMDR, on n'indique pas (avant le protocole, après chaque séance, après la dernière séance) quelles sont leurs anticipations et leurs théories implicites du protocole.

– On ne connaît pas les anticipations et les théories implicites des thérapeutes qui animent les séances. Il s'agit pourtant d'une variable de contrôle parmi les plus importantes (Effet Pygmalion de Rosenthal non totalement annulé par le blinding).

– On ne demande pas systématiquement à la fin de chaque séance au thérapeute sa conjecture sur la nature de la stimulation.

– On ne sait pas si les 10 patients du sous-groupe ont été reçus par le même thérapeute, ni si la nature de leur PTSD a des caractéristiques spécifiques comparées à celles des 10 autres sujets. Cinquante pour cent de patients dont la cible est réduite à 0 ou 1 en une séance unique, cela me semble statistiquement… extraordinaire.

Je résume donc : ce protocole sans mouvement oculaire montre qu'on peut obtenir une réduction de SUD très importante (6 points) en utilisant des stimulations non alternées et que, dans le cas très limité où l'on cicatrise une cible en une séance unique, alors on obtient un gain *additionnel* de quelques points avec des stimulations alternées…
J'en infère donc simplement que ce protocole prouve que l'EMDR marche sans les yeux et sans alternance.

Le chocolat, c'est fait. Check.

La poudre de noisettes, idem, je peux l'enlever. Check.

Mais attention : j'ai toujours un chouette gâteau ! Thériaque suprême !

Galénique de l'EMDR

« I've got a cunning plan, mylord…. »

Si l'EMDR n'a rien à voir avec les yeux ni avec une stimulation bilatérale alternée, alors faut-il les supprimer du protocole ou bien ces éléments ont-ils une fonction qu'il nous faut conserver ?

Dans le proto-modèle proposé pour rendre compte de l'effet des mouvements oculaires et de l'alternance, on trouve une représentation neurologique candide.

Nous – thérapeutes ET patients – n'avons pas été, ne sommes pas et ne serons jamais totalement « modernes ». Nous ne cesserons de rester de petits piagétiens pré-opératoires qui, aussi outillés conceptuellement et abstraitement soient-ils, doivent mettre en forme leurs hypothèses en utilisant des représentations parentes de leurs expériences sensorielles quotidiennes. C'est notre lot que d'avoir toujours à franchir l'obstacle épistémologique de notre corporéité d'enfant.

Dans ce proto-modèle que je caricature à dessein – mais pas tant que cela -, le cerveau est constitué de deux boites reliées par des câbles. Le PTSD serait l'effet d'un court-jus isolant la trace du trauma dans des parties distinctes des deux boites. Comme on ne peut pas trop ouvrir la machine et trifouiller directement pour reconnecter les câbles, on se représente qu'en la secouant suffisamment à la manière d'une manivelle de Ford T, d'une tirelire dont on voudrait faire tomber une pièce ou d'un évanoui qu'on soufflette, le mauvais contact se rétablira. Bref, à la gauloise, on donne un coup de pied dans le moteur pour qu'il redémarre.

Si l'on retire les mouvements oculaires ou les mouvements alternés du protocole EMDR, c'est ce proto-modèle qu'on falsifie et lui uniquement.

MAIS, et c'est là où ma position m'apparaît « very cunning », je maintiens, malgré cette falsification théorique, qu'il faut conserver soit les mouvements oculaires soit des stimulations sensorielles, alternées ou non, peu importe, mais qui activent un certain niveau d'intensité attentionnelle de nature spécifique pendant les phases d'association.

Je cite les hypothèses alternatives que j'évoquais dans mon message du 26 octobre pour rendre compte de l'effet des stimulations bilatérales alternées. Ces stimulations pourraient n'être qu'une façon :

a) D'induire un état modifié de conscience (le pendule est la technique privilégiée du 19ème siècle) qui active le module de monitoring des conflits (Cf, le modèle de l'hypnose de Woody & Sadler, (2006), « Dissociation Theories of Hypnosis », à paraître dans M. R. Nash & A. J. Barnier (Eds.), The Oxford handbook of hypnosis. Oxford: Oxford University Press.)

b) De saturer l'empan attentionnel de stimuli non verbaux qui activent le registre psychocorporel et donc l'orientation de l'attention sur ce champ. Cette saturation relative inhibe l'activation de certaines défenses et censures, ce qui explique la fluidité des associations. Le phénomène est donc attentionnel et sans rapport avec la bilatéralité.

c) De constituer une suggestion gestuelle de transformation, d'activation.

d) D'être un rappel constant de la présence et de l'accompagnement guidant du thérapeute.

Bref ce sont des excipients si on se place sur le terrain du proto-modèle « neurologique » mais bel et bien des principes actifs dans le registre de la suggestion et de l'étayage.

De la galénique comme d'un grand art : rouge ou bleu, amère ou sucrée, en sirop ou en suppo, générique ou griffée comme les cachets d'ecstasy, l'enveloppe du médicament parle au gamin pré-opératoire que nous sommes et par là même suggère, crée son effet.

Si pour guérir, un patient a besoin d'une thériaque suprême avec chocolat et poudre de noisettes, alors je serai déontologiquement fautif de ne pas lui proposer ce gâteau-là.

De la thérapie comme danse de salon et du thérapeute comme Taxi Boy

Oui, parce qu'avec une certaine inertie par rapport aux modèles théoriques des thérapeutes, les patients viennent avec leur propre modèle, leurs propres convictions concernant ce qui peut leur permettre de guérir.

Horreur, le thérapeute n'est pas ce seigneur qui décide seul ! C'est un simple Taxi Boy d'une danse de salon qui se déploie sur la musique de l'imaginaire social d'une époque.

C'est exactement ce que décrit AA. De nombreux patients viennent consulter après avoir lu « Guérir » dans lequel ils ont retenu que pour être définitivement soulagés de leurs symptôme, il suffisait de bouger les yeux devant un psy estampillé EMDR. Et souvent, pas toujours mais régulièrement, il suffit de répondre à cette demande pour qu'ils s'autorisent à guérir ou à valider qu'ils sont en fait déjà guéris – comme l'étaient peut-être les 10 patients du sous-groupe de David ?

Akemashite omedetou gozaimasu !
Joyeuse année !

Liquide quiddité

7 janvier 2007

[Extrait d'un mail sur la liste EMDR-France]

Le mail de BB m'a laissé une joyeuse sensation de Maître Jedi tendance Beatles : *Use the Force, Luke…and let it beeee, let it beeeee-e, let it beee, let it be…*.
D'autres messages nous rappelleraient presque, en revanche, que « ah, oui, Empédocle a raison : il y a bien aussi un côté obscur à la Force ».

Mais la « Force », cette bonne onde cosmique rousseauiste dans laquelle on nous invite à nous « *let it be* » pour que tout aille mieux, aussi sympathique soit ce bon vieux mythe religieux sécularisé, ne peut servir d'alibi à une ignorance qui se suffit d'elle-même.

Si le thérapeute n'est qu'un « artiste », alors rien ne le différencie d'un shaman. Après tout, pourquoi pas. Mais qu'on n'utilise pas alors un discours théorique pour légitimer ses « performances ». Un shaman qui coupe le cou d'un poulet, qui souffle des sourates au visage, qui fétiche, qui exorcise, saura répondre à la question « pourquoi faites-vous cela ? » par un « pour apaiser les esprits » théorisé très solidement. Dans le petit débat escagassant qui se déploie, il est juste question de ne pas se trouver bête devant la question « pourquoi vous bougez vos doigts devant mon visage ? ». Je me vois mal fredonner en retour « …*there will be an answer, let it be, let it be…* ». Surtout devant la bouille ahurie de mon chat.

Je suis à chaque fois stupéfait lorsque je vois des collègues promouvoir l'arrêt de la pensée. Qu'on puisse le suggérer en séance pour mettre fin à une boucle rationalisante, bien sûr ! Mais le promouvoir comme bonne pratique au sein de sa communauté professionnelle, qu'on puisse surtout s'en enorgueillir, et inviter les autres à la fermer, me sidère.

L'histoire de la psychothérapie au siècle dernier est là pour en témoigner : si l'on ne veut pas penser sa pratique, d'autres s'en sont déjà chargés pour nous, d'autres continuent de la penser à notre place. Loin de relever d'une décision libre et éclairée, cool, « parce que vous comprenez, y'en a marre des prises de têtes », il s'agit d'une délégation de responsabilité, un blanc seing, une mise sous tutelle, autrement dit un « credo ». Dans ce cadre, loin d'être un « artiste » dans la créativité clinique, on n'est qu'un copiste, aussi bon enlumineur soit-on, dont l'art se résume à des variations sur rituel imposé, un rituel qui ne tient que par la foi. Comme artiste, on se révèle alors statuaire égyptien, pas Myron, pas Phidias, pas Polyclète.

Je conviens pourtant qu'une synthèse d'étape s'impose et que s'interrompe, pour l'instant et sous cette forme, un échange qui perdrait tout sens à se transformer en feuilleton. D'autant que pour qu'un brin de plaisir partagé se renouvelle, un double pré-requis s'avère utile :

a) Cohérence et continuité dans sa propre argumentation

b) Non attribution à l'autre de thèse qu'il n'a jamais énoncée

Je renvoie donc avec un sourire sereinement malicieux aux archives de la liste pour attester de ce qui a été effectivement avancé et étayé.

Ci-dessous, ma proposition de synthèse d'étape.

1) L'enjeu du débat concerne l'identité de l'EMDR, sa quiddité, son spécifique.

2) Le débat ne concerne pas sa valeur, sa légitimité, sa clinique.

3) Le débat a été déclenché par un échange sur l'application de l'EMDR aux animaux – une application sérieusement envisagée par certains. Cette application suppose que la quiddité de l'EMDR soit réduite aux mouvements oculaires (« regarde ici minou minou ») ou aux stimulations sensorielles bilatérales alternées (« viens mon Félix que je te pétrisse les épaules »). Cette hypothétique quiddité sensorielle reposerait sur un proto-modèle neurologique ouvertement non élucidé. Bref, autant que je sache, et au-delà du mirage des mots savants : un non-modèle. Je précise que je ne suis pas ignorant en la matière.

4) Enfonçage de porte ouverte peut-être mais d'une porte équipée d'un groom sérieusement efficace : la quiddité de l'EMDR ne peut se situer dans les mouvements oculaires puisque d'autres modalités sensorielles (tapping, vibreurs, sons) – dont, au passage, le déroulé neurologique est foncièrement différent de celui de l'activité impliquant les yeux – donnent des résultats équivalents. Pourtant TOUTE la communication externe de l'EMDR – à commencer par son nom : EMdr – se polarise sur les mouvements oculaires.

5) Si la quiddité ne se trouve pas dans les yeux alors résiderait-elle dans les stimulations sensorielles bilatérales alternées ? C'est ce qu'aurait prouvé l'étude pilote de David Servan-Schreiber. Or une lecture attentive de l'article ne permet en aucune façon de conclure, compte tenu de la taille de l'échantillon (10), de la spécificité du sous-groupe qui fait apparaître un avantage « additionnel » (cible à 0 ou 1 en une séance unique – il n'y a aucune raison théorique de réduire l'EMDR à ce sous-groupe) et des biais listés dans mon précédent mail.

Cette recherche montre en revanche que le protocole fonctionne sans alternance. En toute rigueur, on peut donc conclure que l'alternance n'est pas une quiddité prouvée. L'hypothèse qui émerge de cette recherche est plutôt au contraire que la quiddité de l'EMDR ne se trouve pas dans l'alternance, simple variable d'accélération. En l'état, cette question reste cependant ouverte. Je suis preneur de tout document qui ferait avancer cette question.

Notons enfin que l'alternance se légitime aujourd'hui par le non-modèle neurologique déjà évoqué et qu'elle constitue l'unique moyen de sauver la mythologie fondatrice et une quiddité qui individualiserait l'EMDR comme réellement spécifique avec toutes les conséquences tribales et sociales de cet enjeu.

6) Si la quiddité ne se trouve ni dans les yeux ni dans l'alternance, se réduit-elle à la stimulation sensorielle concomitante à l'exposition psychique au trauma ? Merci de vérifier que je n'ai JAMAIS promu l'absence de stimulation sensorielle ni son remplacement par une tâche distractive intellectuelle. Depuis le début, je ne cesse de promouvoir un modèle alternatif pour comprendre ce qui se passe plutôt qu'un « c'est magique, on s'est pas trop comment ça marche mais un jour on saura, ça doit être neurologique ». Dire « c'est neurologique » ne mange pas de pain car, en effet, tout phénomène psychique ayant nécessairement son corrélat matériel, ce que l'on active et les procédés thérapeutiques qui s'enclenchent en EMDR ont nécessairement une explication biologique dans le cerveau.

L'erreur épistémologique vient de mon point de vue de ce que l'on veut projeter un mécanisme d'action d'une simplicité naïve (la pompe hydraulique manuelle) sur l'un des objets les plus complexes de l'univers, pour lequel il n'existe par exemple pas à ce jour, chez les spécialistes, de modèle standard satisfaisant du PTSD ou des états modifiés de conscience.

Un exemple parmi d'autres. L'hypothèse « alternance » repose sur l'idée d'un mécanisme d'action cérébral bilatéral c'est-à-dire distribué spatialement. On peut très bien imaginer que le bonus de l'alternance engage davantage l'intensité de charge informationnelle traitée plutôt que sa localisation. Suivre des yeux des doigts, recueillir passivement, yeux fermés, des tapotements sur les genoux ou des vibrations dans les mains, n'a pas la même charge informationnelle et de contrôle exécutif. Mon intuition est que pour être efficace, la stimulation sensorielle doit dépasser un certain niveau d'intensité et que l'alternance suscite ce niveau d'intensité plus que la stimulation intermittente ou continue. Cette proposition implique juste que l'alternance est secondaire, instrumentalisée, et non pas le principe actif.

7) Au fond, on retrouve ici, à peine altéré, le débat fluidiste / animiste qui a divisé la communauté des magnétiseurs du XIXème siècle. La science noble de l'époque, ce n'était pas la neurobiologie, inconnue alors, mais l'électromagnétisme. Tout le monde a joué avec des aimants. Donc le magnétisme était pour chacun une expérience crédible. Et les magnétiseurs guérissaient comme ils continuent toujours de le faire. L'idée d'un fluide magnétique qu'il fallait rééquilibrer par des passes (« *Use the Force, Luke* ») était on ne peut plus honnête et validée par l'efficacité clinique.

Lavoisier et Constant dans leur rapport à l'Académie de Médecine, l'école de Nancy un siècle plus tard, ont démontré qu'on pouvait conserver voire accroître l'efficacité thérapeutique sans faire appel à un hypothétique fluide magnétique. Cela n'a pas empêché une communauté importante de praticiens de continuer leurs passes dans un ressenti créatif efficace et modeste. Y compris avec les animaux.

Au passage, rappelons qu'hypnose, somnambulisme, suggestion, états modifiés de conscience ne sont pas synonymes et qu'il n'existe pas de marqueur singulier universellement reconnu des états modifiés de conscience (pas « d'ondes cérébrales » singulières) – ce qui contribue à la difficulté de contribution de ces états.

Il existe certainement un mécanisme neurobiologique sous-jacent aux guérisons EMDR. Mais penser pouvoir isoler un processus unique et linéaire qui ne pourrait dès lors pas prendre en considération tous les effets d'influence, de suggestion, de créditivité, de scripts sociaux légitimes qui sont à l'œuvre dans le cerveau des patients à des niveaux de traitement radicalement différents de la sensorialité au moment même des stimulations sensorielles est… ingénu.

8) Enoncer ces hypothèses est-ce être social-traître et désespérer Billancourt ? En un sens oui, et je présente mes excuses sincères aux collègues que mes hypothèses dépriment. Un magnétiseur qui affronterait la non existence du fluide ne pourrait plus avoir la même pratique et continuer ses passes dans la conviction qu'il guérit grâce à elles. Dans un protocole thérapeutique, la conviction du thérapeute quant à sa méthode, avec l'effet massif de suggestion non verbale qu'elle implique, est probablement l'une des variables les plus importantes.

La situation est cependant très différente ici car un changement de modèle ne doit aucunement modifier la conviction dans l'efficacité de l'EMDR. De mon point de vue, la quiddité du protocole se trouve dans l'assemblage fabuleusement futé des emprunts faits aux autres techniques thérapeutiques. Ce n'est pas un cépage particulier d'une parcelle particulière d'une année particulière mais l'assemblage qui constitue sa spécificité de thériaque.

9) C'est pour ces raisons que je milite pour le changement de nom du protocole. Maintenir coûte que coûte EMDR n'a pas de sens. Se retrancher derrière l'argument marketing de défense ou de maintien de parts de marché est une insulte à l'intelligence de ceux qui souffrent. Si l'on se fiche de faire appel à l'Association Marteau-France ou à la Société Internationale Tournevis tant que l'outil thérapeutique proposé valide cliniquement sa démarche et scientifiquement sa théorie, je ne voudrais pas faire appel à une institution Marteau-France où il ne sera jamais question de Marteau mais toujours d'un mixte Tournevis-Clé-Lime-Soudure. Je me demande par ailleurs avec amusement si, à maintenir ce sigle, nous ne risquons pas une interpellation de la DGCCRF.

Le risque de maintenir l'appellation EMDR et de continuer à communiquer sur les seuls mouvements oculaires est, il me semble, d'avoir le même avenir que le magnétisme et de se retrouver, à moyen terme, décrédibilisé et rangé au rayon parapsychologie. Ce serait bien triste.

L'appellation « Synclectique » aurait pu être intéressante si, en français, « éclectisme » ne renvoyait pas à un post-modernisme dilettante branchouille, à un relativisme vide-greniers où tout se vaut. Une formulation autour de « Traumathérapie Intégrative » me semblerait juste pour qualifier ce que nous faisons quand nous mettons en œuvre ce protocole. Je fais confiance à notre intelligence collective pour trouver la bonne dénomination.

10) J'ai été interpellé plusieurs fois par un « prouve-le ». Je crois avoir étayé chacune de mes positions, suis capable de le faire davantage si nécessaire, mais je reconnais volontiers que pour argumenter sérieusement, un long travail de recherche est requis. En gros, j'évalue ce travail au volume d'une thèse de doctorat. Je suis prêt à passer trois ou quatre ans de ma vie à éclaircir ces questions. Si quelqu'un a une idée de la façon dont je pourrais financer cette recherche, je suis preneur.

Je considère avoir exposé de façon claire dans cette synthèse ma position actuelle et n'y reviendrais donc plus avant quelques temps. C'est elle que j'aimerais présenter lors du Congrès prochain (si ma proposition est acceptée). J'aurais alors le plaisir de pouvoir échanger de vive voix sur ces questions avec ceux d'entre vous que cela intéresse.

Chaleureusement

Stéphane Barbery

ARCHIVER

Ci-après, deux vieux textes qu'il n'a pas été possible de classer ailleurs.

Le Nouveau et le sculpteur de marbre

1995

Ce petit texte pour mettre à l'épreuve d'un lieu-commun la théorie provisoire qui me sert à comprendre le comportement des êtres humains que j'observe, étant moi-même le sujet privilégié de ces observations. Cette théorie est un assemblage paradoxale de psychologie spinoziste et castoriadienne dont j'ai parlé ailleurs et que je résumerai en quelques mots :

0) Je me place dans le cadre du principe de raison suffisante, causaliste, donc où rien n'arrive sans raison y compris et surtout un comportement humain.

1) L'être humain désire être dieu entendu comme totalité infinie.

2) L'accès de l'être humain au monde est la RAD ensemble indissociable de Représentation, d'Affect et de Désir. Les représentations (procédant d'un mélange de sensations et d'organisation) sont affectées d'un hypothétique indice positif ou négatif mesurant le gain ou la perte provoqué par la représentation eu égard au désir infini, cet indice entraînant logiquement un désir ou un rejet pondéré de la représentation en question.

Exemple : l'ensemble des représentations de mes cinq sens du chocolat m'ont conduit à une représentation de l'action " manger du chocolat " fortement affecté positivement. Cet affect induit un désir établi de ma part à en consommer.

Soyons attentif à ce que nous enseigne cet exemple : la RAD " manger du chocolat " est construite à partir de RADs élémentaires nombreuses (Rad visuelle, tactile, gustative, odorante, sonore, sociale, historique, linguistique) chacune d'elle étant elle même composée de RADs plus élémentaires encore (RAD du noir, du carré, du poisseux, du sucré, etc.).

L'extrême simplicité du système formel des RAD permet d'appréhender chacune d'entre elle ainsi que leur addition dans la RAD " manger du chocolat " qui nous importe. Les RADs semblent en effet s'assembler de façon très simple : deux RADs qui se combinent et c'est leur affect qui s'additionne pour induire à désir ou une répulsion proportionnel. La RAD est donc utilisable en macro comme en micro-économie psychique

Ce modèle d'appréhension permet en outre de sortir de la traditionnelle, froide et morcelée figuration philosophique de ce qui se passe dans nos têtes : idée, représentation seule (R), affect seul (A) et désir seul (D) sans explication de leurs liens réciproques, de leur capacité à expliquer le comportement effectif humain.

Les RADs sont au contraire chaude ou froide et vibrillonante, en mouvement par leur dynamique du désir interne. Vivantes comme nous.

Ce préambule posé, voyons en quoi ce cadre théorique peut nous apporter des éléments de compréhension à une question qui apparaît régulièrement dans les Sciences Humaines, la question de l'appréhension du Nouveau, question à la fois ethnologique, sociale, politique quand elle est prise sous l'angle du progrès, mais question foncièrement psychologique, anthropologique donc, dans son essence.

L'idée de ce texte nous est venue lors de la lecture du premier paragraphe d'un article de Freud intitulé " Résistances à la psychanalyse " (in *Résultats, Idées, Problèmes II*, PUF, p. 125.). En quinze lignes et trois exemples, Freud résume magistralement le problème. L'enfant qui détourne la tête devant un visage étranger exprime clairement ce que le croyant apaise par ses prières, ce que le paysan utilisait comme motif de ses décisions : la difficulté à appréhender le nouveau. Freud s'arrête à la dépense psychique et l'incertitude provoqués par le nouveau. Essayons de comprendre de façon plus claire, grâce aux RADs, ce qu'il nous invite à penser et tentons d'aller un peu plus loin.

En théorie radique, le Nouveau, c'est une représentation dont un sujet n'a jamais fait l'expérience, une représentation sans affect donc, par conséquent devant laquelle on se sait se comporter (désir ou répulsion et quel degré de l'un ou de l'autre ?).

Le Nouveau, c'est ce que l'on doit affecter, c'est la confrontation avec une interpellation de notre jugement. Face au Nouveau, il faut assumer une fonction de décision.

C'est la capacité à assumer cette fonction qui caractérise les comportements face au Nouveau.

L'enfant qui naît dans son état de détresse infantile, délègue nécessairement à ses parents, à sa famille, à sa société, la presque totalité, le rôle d'affecter ses représentations. Et traditionnellement celui qui affecte, qui juge et décide si c'est bon ou mauvais, s'il faut le désirer ou le fuir, c'est le père, le grand-père, l'ancêtre, Dieu.

Accepter la confrontation avec le nouveau, c'est pouvoir décider en son nom de l'affect de la représentation. Le plus souvent on affecte du Nouveau comme si c'était de l'ancien : on décompose les RADs élémentaires de la représentation en tentant d'y repérer des RADs connues donc déjà affectées, on fait la somme des RADs connus et l'on s'arrête là . On identifie de l'ancien, on ne juge pas du nouveau.

[Un certain nombre de mécanismes complexes, en jeu dans la xénophobie ordinaire, commence par là; l'un des mécanismes principales étant que les affects de l'étranger en tant que différents des nôtres remettent en cause l'infaillibilité de l'affectation sociale et que l'angoisse d'une relativité donc d'une erreur de l'affectation doit être écartée, en éliminant s'il le faut l'origine de cette menace; les blagues belges, c'est un peu considérer que le grand-père affecteur des belges avait bu trop de bière le grand jour où il a affecté le monde belge...]

Assumer l'affectation d'une représentation inédite, c'est la jouissance d'un je qui ne subit pas le monde mais s'en joue comme d'un sculpteur de marbre enlevant de son bloc tel morceau qui ne lui plaisait pas. Le morceau tombé ne disparaît pas, il peut même à l'occasion couper, blesser, mais seule compte l'opération qui a conduit à sculpter le bloc.

Cette capacité jouissive à affecter est sous-tendue par de nombreuses conditions :

La première, que la société accepte l'idée que ceux qui ne sont ni Dieu, ni ancêtre, ni père puissent juger de l'affect. Les sociétés dans lesquelles le nouveau n'est pas acceptable sont des sociétés de fils. Il est intéressant dans cette optique de remarquer que les mouvements fondamentalistes islamistes naissent dans des sociétés composées démographiquement de jeunes qui pour des raisons économiques ne peuvent fonder un foyer et assumer la fonction de père.
De même, l'amour occidental du nouveau pour le nouveau, du progrès infini, c'est l'amour inauthentique et usurpateur de cette

fonction paternelle, usurpateur en tant que ce qui est vécu ici, ce n'est pas la capacité à affecter, mais la capacité à jouer comme un acteur, la position paternelle d'affectation. L'amour du nouveau pour le nouveau, c'est le fils qui jouit des prérogatives de son père pendant l'absence de ce dernier.

La deuxième condition, c'est que la société autorise ses membres à écouter leur corps, car l'affection est incarnée, esthétique dans son étymologie de renvoyant au cinq sens. L'affectation engage le corps. Un développement sur l'art de vivre est à insérer ici. Sur le zen aussi.

La troisième condition est la plus importante, c'est celle qu'évoque Freud. Pour pouvoir assumer l'affectation, il faut que la société mais plus précisément les parents aient réattribué à leur enfant le pouvoir d'affectation qu'il leur avait délégué. Cette réattribution est délicate en tant qu'elle met en péril l'autorité parentale et sociale : si l'enfant peut affecter, il peut s'interroger sur les RADs dans lesquelles il a été socialisées et s'apercevoir qu'elles sont discutables, inadéquates pour lui, ou héritées d'un passé non-interrogé.

Cette remise en cause du monde des parents, outre que seule la psychanalyse - dont la technique est précisément la mise au jour des RADs fondamentales d'un individu - permet de le faire en profondeur, suppose une stabilité du sujet, une capacité à s'affirmer qui ne peut exister sans un fort noyau narcissique autorisé par l'amour des parents.

L'affectation d'une représentation signe un en effet un luxe psychologique : s'il s'avèrent à la longue (l'affectation d'une représentation peut prendre beaucoup de temps) que la représentation est mauvaise, cette expérience est douloureuse car elle marque l'existence dans le monde de quelque chose qui contrevient à mon désir infini d'être dieu. Si l'existence d'un individu est une longue succession de RADs négatives de ce type on comprend qu'il ne peut pas prendre le risque de faire l'expérience d'une affectation susceptible d'engendrer douleur et déception. Il faut pouvoir être narcissiquement créditeur pour prendre ce risque : la prise de risque est un luxe ou la nécessité contrainte.

Le Père Noël est-il une ordure ?

Un texte dont vous serez forcément le héros (1999)

[Tous les ans vers la mi-décembre, des journalistes de presse, de radio, de télévision me contactent pour me faire commenter ce vieux texte superficiel. Dans cette farce rodée, j'ai le rôle du méchant rabat-joie. Le point notable de cette boucle est le caractère massif du fait ethnologique qu'il est impossible, interdit, de questionner comme tel. Il est amusant alors de constater cette évidence : nous n'avons jamais été modernes...]

Le réquisitoire et la plaidoirie de la défense qui suivent s'inscrivent dans un procès imaginaire intenté au Père Noël pour statuer sur son caractère inoffensif... ou criminel. Alors condamnation ou relaxe ? Si vous faisiez partie du jury, quelle position défendriez-vous ?

I. RÉQUISITOIRE DU PROCUREUR MORALISTE

Tous les ans, de la mi-novembre jusqu'à janvier, derrière un paravent de bons sentiments, se perpétue un mensonge social coercitif qui constitue pour les enfants un exemple et un précédent aux effets principaux négatifs – du moins si on les analyse rationnellement. Quant aux éventuels effets positifs attachés à un tel mensonge, ils ont été et pourraient être assumés sans l'utilisation de cette croyance.

Voici quelques-unes unes des raisons qui justifient que l'on cesse de considérer que la croyance au Père Noël est anodine…

1) La croyance au Père Noël est un mensonge.

Faire croire au Père Noël à des enfants, c'est, ni plus ni moins, leur mentir : il s'agit bien en effet d'une " *assertion sciemment contraire à la vérité faite dans l'intention de tromper* " (Petit Robert), et dont l'objet, ici, est la question de l'origine des cadeaux de Noël.

Notons, pour en rester au niveau de la forme, que ce n'est pas un simple mensonge ponctuel mais un véritable mensonge organisé et structuré : les adultes mentent sur l'existence du Père Noël (mensonge primaire) puis sur toutes les conséquences logiques de ce mensonge (mensonges secondaires), telles que les caractéristiques du personnage, les éventuelles contradictions avec la réalité (par exemple : absence d'une cheminée dans l'appartement).

Mensonge systématisé donc, mais encore mensonge à répétition puisqu'il couvre presque 10% de l'année (du début de la mise en place des rayons jouets dans les magasins jusqu'à la rentrée scolaire de janvier) et que les adultes y sacrifient eux-mêmes tous les ans, dans la mesure où c'est leur principal sujet de conversation avec les enfants qu'ils rencontrent à cette période.

Il s'agit donc de tout sauf d'un *petit* phénomène et il constitue, dans les sociétés agnostiques contemporaines, **la mythologie sociale explicite la plus importante**.

Pourquoi faut-il considérer toute contribution à la perduration de ce mensonge comme condamnable ?

2) En tant que mensonge, il est par définition immoral.

Plaçons nous tout d'abord sur le plan de l'analyse abstraite et philosophique du mensonge, telle que l'a réalisée Kant dans sa *Critique de la Raison Pratique* ainsi que dans sa courte réponse à Benjamin Constant (" Sur Un Prétendu Droit de mentir par Humanité ", Œuvres Philosophiques, III, pp. 435-441, Pléiade) : le fondement de toute morale repose sur l'impératif catégorique selon lequel chacun doit agir uniquement d'après une maxime dont il peut en même temps vouloir qu'elle devienne une loi universelle. Toute contradiction de la maxime avec l'universalité place l'action hors de la moralité. On ne peut par exemple pas voler sans poser que l'on puisse nous voler ce qu'on a volé, ce qui implique contradiction puisque le résultat de l'action est nul. De la même façon, on ne peut pas mentir sans accepter que l'on nous mente en retour, c'est-à-dire sans briser les fondements de toute possibilité de communication intersubjective. L'impératif catégorique, puisque universel et apodictique, ne saurait souffrir aucune exception, y compris bien intentionnée. Dans un acte, ce n'est pas la bonne intention qui compte mais les effets réels de l'acte; ici du mensonge. **On peut bien avoir le sentiment, dans le cadre de la croyance au Père Noël, qu'on n'utilise pas l'enfant comme moyen mais bien comme fin, il n'en reste pas moins que l'on abuse de sa crédulité en ne lui accordant pas une dignité humaine identique à celle**

que l'on s'accorde à soi. Abuser de la crédulité de quelqu'un est toujours immoral : personne ne devrait jamais se le permettre.

Finalement, l'important n'est pas au fond l'immoralité de l'action pour celui qui la commet : ce sont plutôt ses effets de précédent et d'exemple, ses effets en termes d'éducation, de socialisation sur et de la personne des enfants.

3) Mentir, c'est éduquer au mensonge.

En mentant de façon systématique et sur une longue durée aux enfants, en mentant d'un mensonge qui conduit inévitablement à la découverte du caractère mensonger et duplice de l'assertion, les adultes créent une situation de précédent et d'exemple relative au mensonge. Après avoir été ainsi berné, l'enfant peut légitimement en arriver aux considérations suivantes : " les adultes mentent ; ils peuvent m'avoir menti sur d'autres sujets ; ils peuvent me mentir à nouveau ; quel crédit puis-je accorder à leur parole ? S'ils mentent alors moi aussi je peux mentir "…

C'est l'habitude des mensonges anodins ou " bien intentionnés " qui légitime, même à faible degré, le mensonge et la duplicité que l'enfant pourra utiliser ensuite comme comportement, dès à présent ou bien plus tard. La croyance au Père Noël éduque donc sans conteste au mensonge. Drôle d'éducation ! **Quid de la volonté participer à la création d'une humanité respectueuse de la morale si on éduque ses enfants au mensonge (même anodin et bien intentionné)** ? Est-ce qu'ils n'intérioriseront pas d'ailleurs ce mécanisme en se l'appliquant à eux-mêmes, comme dans l'attitude de mauvaise foi que décrit Sartre dans l'*Etre et le Néant* ? Il est si courant de voir des personnes se mentir à elles-mêmes pour tout un tas de petites choses anodines qui finissent par constituer des zones importantes de leur quotidien - et ce parce qu'elles sont bien intentionnées avec elles-mêmes comme leurs parents l'étaient en leur faisant croire au Père Noël…

4) Le Père Noël n'est pas un choix mais une structure socio-ethnologique subie.

La raison pour laquelle il faut analyser avec précision le mode de fonctionnement et les effets de cette croyance, c'est qu'elle constitue un mythe paradigmatique, tel que ceux qu'étudie l'ethnologie structurale.

Les adultes qui croient " choisir " leur participation à la continuation de cette croyance subissent en fait cette représentation mythologique et les comportements qu'elle induit.

La preuve de cette aliénation des adultes tient au fait qu'interrogé sur les justifications de son mensonge, aucun n'arrive à présenter d'arguments objectifs : " je le fais parce qu'on me l'a fait, parce que c'est la coutume, parce que les enfants sont mignons et que ca ne prête pas à conséquence, à mal ". Passons sur le mensonge par attrait du " mignon " où l'enfant est alors véritablement utilisé comme moyen, passons sur le caractère déjà évoqué de l'anodin, pour remarquer que la mécanique principale de perduration du mythe est la reproduction générationnelle non interrogée.

Remarquons sur ce point que le Père Noël est une création historique récente. Il y a toujours eu des fêtes où l'on faisait des cadeaux aux enfants. Mais l'idée que l'origine et le transport du cadeau sont le Père Noël, himself tel qu'on le représente actuellement, est presque neuve. C'est une campagne de publicité de Coca-Cola dans l'entre-deux guerre qui fixe l'iconographie du Père Noël. Et on ne peut s'empêcher de souligner la fonction mercantile, commerciale, qui y est attachée : dans l'économie des dons/contre-dons au sein de la famille, le Père Noël déculpabilise l'enfant qui adresse sa liste à quelqu'un d'extérieur au foyer. Ce qui peut certes constituer point positif. Mais l'éducation sociale à l'œuvre ici ne serait-elle pas plutôt la suivante : l'enfant, grâce au Père Noël, apprend à avoir des demandes matérielles, apprend à formuler ces demandes (la lettre au Père Noël) : bref, **il est éduqué à désirer obtenir des biens matériels, à valoriser ces biens et à les recevoir " magiquement " de la " main invisible " d'une entité qui a tous les attributs d'une représentation personnalisée du collectif social abstrait**. Le Père Noël est une création des sociétés de nantis – lesquelles représentent moins d'un huitième de la population mondiale actuelle. Le Père Noël est artificiel et n'est que le produit d'une structure spécifique : la nôtre. Le remettre en question, c'est pointer cette détermination et donc l'essentiel des structures sociales – consommation/possession de biens matériels - dont il est une sorte de symbole. C'est peut-être aussi pour cela que sa remise en question suscite autant de résistances, parce qu'elle entraîne avec elle la remise en question d'un "collectif consommant", soudé par la jouissance de la consommation.

Certes, lorsqu'il reçoit ce qu'il a demandé, lorsqu'il est comblé, l'enfant ne se sent pas en dette d'un contre-don impossible à l'égard de ses parents. Le Père Noël joue à ce titre un rôle positif et transitionnellement intégrateur.

Mais que se passe-t-il quand la famille subit de plein fouet les conséquences des dysfonctionnements et de l'injustice de l'économie contemporaine ? Comment expliquer à un enfant l'injustice du Père Noël qui, à ses camarades, apporte des cadeaux d'une valeur moyenne de 1500F alors que lui n'a le droit qu'à un cadeau symbolique, alors que les médias et la pression sociale l'ont éduqué à désirer les mêmes objets que les autres ? Les " partisans du Père Noël " ont-ils pensé**aux effets culpabilisateurs de cette croyance** chez les parents qui doivent répondre à des questions légitimes sur l'injustice du Père Noël ?

5) Le Père Noël comme opium des enfants.

Avec le Père Noël, notre monde garde un peu de son enchantement. On comprend que l'église condamne le caractère païen du Père Noël – mais on ne peut à ce titre pas rester indifférent au fait que ce mythe brouille les pistes et récupère, 25 décembre oblige, quelque chose de la sacralité du fondement de la foi christique.

Plus que de croyance, il est question de foi. Une foi qui, au-delà de la croyance, écarte le doute, socialise les enfants à mettre leurs doutes entre parenthèses, sur la seule base du discours social et parce que le gain à croire au Père Noël est momentanément plus important.

6) Une croyance puissamment coercitive.

La preuve ultime de la force de cette aliénation sociale peut se mesurer à ceci : les individus qui ne participent pas activement à cette mythologie sont considérés comme des pisse-froid sans cœur, qui sont incapables d'émerveillement et qui trahissent la collectivité (leurs enfants semant le trouble au sein de la collectivité des autres enfants). La puissance de cette contrainte est telle que les individus qui pourraient être en désaccord avec ce mensonge institutionnalisé sont contraints, pour ne pas provoquer de troubles chez les enfants, de taire leur désaccord en présence des " croyants " - voire, année après année, de faire semblant ! **La force de cette coercition collective devrait être, pour les personnes qui continueraient à trouver anodin ce " mensonge organisé ", un indice de son enjeu et de son aliénation.**

7) La carotte de Big Brother

Que penser de la pitoyable politique de la carotte et du bâton, le pitoyable chantage déployé par les parents en fin d'année : le "soit sage sinon…" a quelque chose d'inquiétant dans sa dimension de Big Brother, d'éducation à l'existence d'un œil social invisible qui surveillerait faits et gestes. La nécessité de faire appel à un extérieur familial pour faire pression sur l'enfant ne signe-t-elle pas l'échec d'une autorité personnelle ?

8) Ce mensonge est incompatible avec la finalité de l'éducation : l'autonomie des enfants.

Pourquoi enfin les enfants pleurent-ils lorsqu'on leur dit trop tôt que le Père Noël n'existe pas, pourquoi veulent-ils continuer à croire à son existence, pourquoi cela les angoisse-t-il ? Parce qu'ils se sentent exclus de la société, parce qu'on leur ment et que ce mensonge peut signifier l'écroulement angoissant de toute vérité et de toute valeur auxquelles ils accédaient par l'intermédiaire des adultes. Et notamment de leur père et de leur mère. Il y a brutale rupture de confiance.

La preuve en est a contrario qu'il faut que les enfants aient suffisamment confiance en eux, en la parole de leur semblable, pour prendre en compte les indices de l'inexistence du père Noël. Que la possibilité de douter de la valeur ou de la véracité du discours des adultes soit une étape capitale dans le développement de l'autonomie de l'enfant, que cette possibilité s'appuie sur des réflexions faisant appel à des mécanismes d'expérimentations objectives (" Comment le Père Noël peut-il entrer dans mon appartement qui n'a pas de cheminée ? "), ces deux éléments sont louables et à valoriser. **Mais cette possibilité et cette expérimentation, l'enfant pourrait les faire hors de toute duplicité organisée.** C'est même le rôle des parents que de susciter ces mécanismes chez leur enfant. Cette mise en place d'un jugement critique précoce n'est-elle pas mise à mal par le phénomène de la croyance ?

On sait combien la parole vraie, authentique, est le fondement absolu de l'équilibre de l'enfant, de sa capacité à affronter et investir la réalité avec confiance. Tous les éléments positifs qu'on pourrait trouver dans la croyance au Père Noël (acquisition d'une autonomie de jugement par exemple) pourraient être valorisés et développés au centuple en dehors de cette inertie mythologique. Pourquoi alors faire perdurer ses effets négatifs ? Continuerez-vous à subir cette invisible pression sociale ? Vous sentirez-vous enfin plus responsables des mensonges faits à vos enfants ?

L'amour que l'on porte aux enfants ne doit avoir qu'une finalité : leur autonomie authentique. Pas leur aliénation duplice.

Mettons fin à cette nocivité absurde : en votre âme et conscience, et à l'échelle de ses méfaits.

Si vous aimez vos enfants, pourquoi leur mentez-vous ? Arrêtez le Père Noël !

II. PLAIDOIRIE DE LA DEFENSE PSYCHOLOGUE

La charge du procureur, si elle est souvent exacte, s'apparente tout de même à une bordée d'artillerie lourde. Il serait intéressant, à ce titre, que nous tentions d'en dégager les implicites véritables, forcément latents sous une telle virulence. Nous ne le ferons cependant pas et tenterons plutôt de comprendre l'utilité, les fonctions et, pourquoi pas, les bénéfices de cette croyance – en deçà de toute considération morale ou normative. **Non pas juger, mais expliquer pour comprendre.** En tentant de faire plus court.

1) Père Noël et Œdipe.

Arrêtons-nous sur le " Père " du " Père Noël " : le Père Noël est un Père sans enfants et simultanément sans parents. Il s'agit donc d'un Père non-géniteur, d'un Père hors la filiation, comme un Père adoptif de tous les enfants. **De là à voir en lui une figure non conflictuelle du père œdipien, il n'y a qu'un pas**. Que l'on peut d'autant plus aisément franchir qu'il faut remarquer que la fin de la croyance au Père Noël coïncide précisément avec la fin de la phase œdipienne du développement de la personnalité de l'enfant (6-7 ans).

Le Père Noël est donc une figure de la toute-puissance mais une figure bonne, sans les attributs du Dieu courroucé. Il est omniscient (puisqu'il surveille la sagesse des enfants), il récompense, préfigurant ainsi une sorte de figure archaïque, extériorisée, mais surtout positive, chaleureuse, bienveillante, du futur Surmoi freudien : un " grand-père Noël ", en somme.

2) Pourquoi n'y-a-t-il pas de Mère Noël ?

Il est intéressant de remarquer que ce mythe ne contient aucun élément féminin. Le Père Noël n'a pas de femme et l'iconographie ne montre jamais d'aides féminins. Comme si le mythe souhaitait nous dire ceci : seul un homme est à l'origine de l'objet désiré. Comment interpréter cet élément ? Comme l'expression d'une société machiste ? Ou bien comme un mythe participant à l'ordonnancement sexualisé du monde ?

L'hypothèse qui voudrait lire la descente du Père Noël dans la cheminée pour y déposer l'objet comblant comme la possible traduction d'une scène sexuelle originaire est-elle absurde ? Difficile de se prononcer, mais **tenons pour possible que ce mythe (qui prend place le jour de la *naissance* du Christ) puisse relever d'une lecture de filiation** : rappelons-nous que seul le discours de la mère assure de la paternité du Père. Ici, le discours social viendrait en quelque sorte redoubler le discours maternel : même si on ne le voit pas, c'est bien le père qui est à l'origine de l'objet comblant – d'où explication aussi de la proportion importante de représentation-projection de soi dans le type des jouets demandés : poupées, figurines.

3) Père Noël et principe de plaisir : Noël comme temps transitionnel.

Outre ses fonctions de médiateur œdipien, de représentation d'une autorité paternelle réduite à la bienveillance et d'éclairage de la paternité, l'autre élément qui expliquerait pourquoi les arguments critiques du procureur n'ont dans les faits que peu d'influence sur les parents d'un enfant de moins de six ans est peut-être lié à la fonction d'incarnation par le Père Noël d'un principe de plaisir magique plus puissant que le principe de réalité.

Comme le disent les parents : si les enfants sont heureux, c'est parce qu'avec le Père Noël, le monde n'est pas encore totalement désenchanté. Sous le quotidien régulier et banal subsisterait une dimension magique, là-haut dans un pôle Nord céleste.

Dans une société traditionnelle baignant dans l'enchantement du monde, où les dieux et les esprits se devinent derrière chaque objet, le Père Noël ne serait qu'une figure banale de la magie qui baigne toutes choses.

Mais, aujourd'hui dans le discours de parents sur le Père Noël aux enfants, il y a une figure mythologique d'autant plus forte qu'elle est l'exception : un médiateur entre la terre et les cieux, un avatar de dieu, un Hermès dont la hotte est une corne d'abondance et un trou de serrure permettant d'apercevoir la munificence d'un paradis comblant tous les désirs…

On peut donc faire l'hypothèse suivante : la raison pour laquelle les parents sont au fond très attachés à cette croyance, c'est que **dans le bonheur de leurs enfants, ils retrouvent le leur**, celui d'une croyance en un lieu et un temps qui satisfait tout, d'un parent qui comble à jamais le manque et éteint tout désir - fantasme archaïque au demeurant parfaitement repéré par la psychanalyse.

Or, cette dynamique du fantasme, de l'enchantement, de la victoire du principe du plaisir sur le principe de réalité, nous en faisons l'expérience tous les jours dans le rêve.

Quoi de plus naturel alors de retrouver attachés au Père Noël de nombreux attributs oniriques : le Père Noël passe la nuit, pendant le sommeil des individus. Et si un lourd manteau neigeux lui est indéfectiblement associé, c'est peut-être parce que la neige, en estompant les formes et gommant les couleurs, assourdit surtout le bruit du monde, ralentit son activité, le place en léthargie - on ne parle pas pour rien d'une " couverture " neigeuse. Avec la neige, le monde est dans son lit. **Le Père Noël travaille ainsi pendant le sommeil du monde : le Père Noël est l'un des rêves du monde.**

La science a beau avoir dépoussiéré le réel des projections magiques de nos aïeux, la question se pose de savoir si l'être humain est capable d'affronter un réel sans médiation vers le plaisir, sans représentation de la possibilité d'une satisfaction magique. C'est une hypothèse psychologique à garder en mémoire quand on tente d'appréhender l'attitude des parents face à la croyance au Père Noël.

4) Le secret découvert du Père Noël comme formateur du je.
Notre dernière interrogation concerne la fonction du " mensonge " que décrie avec autant de virulence le procureur.

Est-ce un hasard si la découverte du mensonge, si la fin de cette croyance correspondent pour l'enfant à l'entrée dans " l'âge de raison ", un âge où un moi encore en construction s'est ébauché et n'a pu s'ébaucher que parce l'enfant s'est constitué un monde intérieur secret ?

Ne peut-on penser qu'il s'agit bien de former l'enfant à quelque chose qui ne relève pas du mensonge mais d'une toute autre thématique : celle du secret ?

Car pour les parents, c'est bien de secret qu'il s'agit dans les préparatifs de Noël. Pas de mensonge mais un secret partagé avec les enfants " qui n'y croient plus ".

La croyance au Père Noël pourrait ainsi avoir cette fonction de formation au secret complice, bienveillant et social, partagé à plusieurs, secret nécessaire à la formation du je.

Avant donc de dénoncer, peut-être pourrait-on s'accorder du temps pour interpréter et comprendre davantage les fonctions de structuration psychologique de l'individu auxquelles contribue le Père Noël ?
Ni condamnation, ni relaxe, j'en appelle à une suspension temporaire et réflexive de votre jugement.

Au lecteur jury : que ferez-vous en décembre prochain ?